知行 财经类专业规划教材

企业会计综合模拟实训

石　琳　王　芳　陈浏伟 ◎ 主　编
高冬梅　张　静　王　琴 ◎ 副主编

COMPREHENSIVE SIMULATION TRAINING OF ENTERPRISE ACCOUNTING

上海财经大学出版社

图书在版编目(CIP)数据

企业会计综合模拟实训/石琳,王芳,陈浏伟主编.—上海:上海财经大学出版社,2023.5

(知行·财经类专业规划教材)

ISBN 978-7-5642-4148-3/F·4148

Ⅰ.①企… Ⅱ.①石…②王…③陈… Ⅲ.①企业会计-高等学校-教材 Ⅳ.①F275.2

中国国家版本馆 CIP 数据核字(2023)第 050798 号

□ 责任编辑 徐 超
□ 联系信箱 1050102606@qq.com
□ 封面设计 贺加贝

企业会计综合模拟实训

石 琳 王 芳 陈浏伟 主 编
高冬梅 张 静 王 琴 副主编

上海财经大学出版社出版发行
(上海市中山北一路 369 号 邮编 200083)
网 址:http://www.sufep.com
电子邮箱:webmaster @ sufep.com
全国新华书店经销
上海市崇明县裕安印刷厂印刷装订
2023 年 5 月第 1 版 2023 年 5 月第 1 次印刷

787mm×1092mm 1/16 14 印张 358 千字
印数:0 001—3 000 定价:48.00 元

前　言

不可否认,会计学是一门实践性很强的学科。实践是检验真理的唯一标准。只有通过模拟操作实践,才能检验专业理论知识是否已经掌握扎实。通过模拟实训,能够系统、全面地学会企业各岗位的会计工作,加强对会计基本理论的理解、对会计基本方法的运用和对会计基本技能的训练,能够将会计专业知识和会计实务有机地结合在一起,掌握企业会计全面工作流程,培养手工环境下会计实务处理和财务分析的能力,培养学生树立正确的职业意识、提高职业素质、形成较强的工作能力,为从事财会工作打下坚实的基础,成为真正的理论与实践相结合的专业应用型人才。

党的二十大报告指出,要强化现代化建设人才支撑。全面贯彻党的教育方针,落实立德树人根本任务,培养德智体美劳全面发展的社会主义建设者和接班人。因此,本书遵循"以读者为主体,以能力为本位,以职业实践为主线"的设计理念,重在培养操作技能,紧紧围绕会计职业岗位的工作任务来组织实训内容,严格实训要求。首先,本书结合2017年以来财政部发布的修订后《企业会计准则》和《企业会计准则解释》,以及《关于修订印发一般企业财务报表格式的通知》,财政部、国家税务总局发布的《关于调整增值税税率的通知》《关于统一增值税小规模纳税人标准的通知》等最新会计政策,对模拟企业的经济业务使用规范、准确的核算方法。第二,为了丰富内容,让内容更具深度,将思政教育融入专业教育,在本书中对思想政治教育元素进行了积极的探索和挖掘。在编写中将社会主义核心价值观渗透其中,融入诚实守信、遵纪守法、客观公正、廉洁自律、坚持准则等元素。第三,本书从涉及企业方方面面的经济业务中,选取典型经济业务,融合了"会计学原理""中级财务会计""管理会计""成本会计""税务会计"等多门专业理论课程内容。本书注重激发学生实践的主观能动性,重视学生实践能力的培养,高效输出应用型专业人才。

本书由石琳(武汉理工大学)、王芳(文华学院)、陈浏伟(湖北三峡职业技术学院)担任主编,由高冬梅(仙桃职业学院)、张静(湖北开放大学)和王琴(天门职业学院)担任副主编。石琳负责全书大纲的拟定并确定编写思路,具体分工如下:石琳负责第一章至第六章、附录内容以及思政元素内容的编写工作,编写字数超过15万字;王芳负责前期调研资料的收集和整理工作;陈浏伟负责第八章和部分附录内容的编写,编写字数7万字;高冬梅负责部分附录内容的编写,编写字数6万字;张静负责第七章内容的编写;王琴负责本书日常经济业务和附录原始凭证的审核工作。在编写过程中,得到了湖北大信博文图书发行公司和上海财经大学出版社的大力支持与帮助,在此表示衷心的感谢。

由于作者水平有限,书中难免存在疏漏和不足之处,敬请读者和同行专家批评指正。

编　者

2022年11月

目　录

第一章　企业会计综合模拟实训总论

一、企业会计综合模拟实训的目的

(一)模拟实训的定位

企业会计模拟实训,是一门与传统理论灌输式课堂教学完全不同的课程。本课程是财会专业人员必修的实践与应用能力课程,主要是通过模拟实训,使学生能够系统、全面地学会企业各岗位的会计工作,加强学生对会计基本理论的理解、对会计基本方法的运用和对会计基本技能的训练,使学生能够将会计专业知识和会计实务有机地结合在一起,让学生掌握企业会计全面工作流程,培养学生手工环境下会计实务处理和财务分析的能力,培养学生树立正确的职业意识、提高职业素质、形成较强的工作能力,为即将从事的财务会计工作打下坚实的基础。

本课程是建立在学生对"基础会计""财务会计""成本会计""税法"等专业课学习的基础上,综合运用所学专业知识和技能。

(二)模拟实训的目标

本模拟实训帮助学生系统地、全面地掌握企业会计制度和企业会计核算的基本程序和具体方法,通过单证的编制和业务的处理来掌握会计循环工作的基本操作技能和流程,能够加强对学生实践能力的培养,实现了课堂教学与实际业务岗位的过渡和对接,实现了学生就业素质与企业需求的零距离对接。学生能够在课堂中进入仿真的环境、真实的业务,将企业搬进课堂,实现了学习即工作,上课即上班,切实解决了财务、会计专业学生顶岗实习难的问题。同时,实训能够让学生真正掌握填写原始凭证的方法,掌握各种业务的处理及记账凭证的编制方法,掌握账簿的设置和账簿登记的方法,掌握主要会计报表编制的方法,掌握会计报表分析方法,等等。同时,培养学生会计职业操守和职业素养,全面提高学生的财务会计工作能力,为学生即将从事的财务会计工作打下坚实的基础,成为理论与实际相结合的复合型专业人才。

1. 专业能力目标

巩固基础会计、财务会计、成本会计等专业理论知识;逐步培养学生具有比较熟练的会计核算能力;掌握设置账户、编制会计凭证、登记会计账簿、出具基本财务报表的规范操作方法;掌握成本核算的原则和主要内容,熟知成本计算对象、费用要素与成本项目、费用归集分配程序和成本计算方法的相关知识。

2. 方法能力目标

能够理解各种账户的性质，掌握不同性质的账户所使用的不同的明细账页；掌握账簿的开启和设置，明确明细账、日记账、总分类账簿的建立和期初过账，培养学生手工建账及使用会计手段求解问题的能力；掌握凭证的分类，熟悉各种原始凭证、记账凭证的填制审核方法和要求；掌握总账、日记账、明细账的登记规则、登记方法；熟悉各种经济业务的会计处理方法；掌握"T"形账、科目汇总表的编制及要求；掌握各种不同性质的账户结账方法；熟悉不同的对账方法；掌握各类报表如资产负债表、利润表的编制；理解会计资料装订保管的重要性，掌握各种会计资料的装订方法和程序。

3. 社会能力目标

通过本书的学习，培养学生爱岗敬业、诚实守信、严守秘密、明辨是非的优秀职业素质；帮助学生提前进入职业角色，实现学校到工作岗位的零距离对接；培养学生严守准则、不做假账、小心谨慎的工作作风；使学生深刻体会到会计工作的严谨性、规范性，以提高学生分析问题、解决问题的能力，形成会计责任观念。

二、企业会计综合模拟实训的条件

(一)模拟实训的师资条件

作为实训指导教师，在组织实训者进行会计综合业务模拟实训之前必须对全部模拟业务进行试做，并撰写实训指导教案，在教案中详细注明每一实训步骤所涉及的理论知识的出处，以及知识要点和应用时应注意的问题。要达到这一要求，实训指导老师必须精通上文中所涉及的各专业课程，并充分关注新会计法规、新会计准则以及税务法规的新变化等。

实训指导教师应由同时具有财会本科以上学历和中级以上技术职称的教师或财会工作者担任。指导老师的主要职责有：

(1)明确所指导实训者的培养目标、实训的教学目的和基本要求，对实训者进行思想教育工作，提高实训者对实训的认识。

(2)了解实训者的能力、学习、思想及工作实践等情况，做到心中有数。

(3)设计实训计划，熟悉实训教材，指导实训者正确进行各种会计操作。

(4)根据会计综合业务模拟实训的评分标准，审阅批改实训者材料，确定实习成绩，并写出适当的评语。

(5)对实训者实训的真实性进行审查，如发现实训者抄袭他人实训资料，应及时进行批评指正。对屡教不改者，指导教师有权取消该实训者的资格。

(二)模拟实训的软硬件条件

1. 实验室基本条件

配备电脑、投影设备、大屏幕等设备，实训台和座椅；装订记账凭证所需的装订机。

2. 模拟实训的实验用品

实训耗材：通用记账凭证、科目汇总表、记账凭证封皮、总账、现金日记账、银行存款日记账、三栏式明细账、数量金额式明细账、多栏式明细账、应交增值税明细账、生产成本明细账等(为便于模拟实训，建议购买活页账页)；

实训工具：直尺、裁纸刀、剪刀、红笔、黑笔、胶水、夹子、别针或大头针、装订线等。

三、企业会计综合模拟实训的教学组织

(一)模拟实训的教学方法

首先,应立足于加强学生实际操作能力的培养,建议采用项目教学,以工作任务引领提高学生学习兴趣,激发学生的成就动机。本课程教学的关键是现场教学。在教学过程中,教师示范和学生分组讨论、训练互动,学生提问与教师解答、指导有机结合,让学生在“教”与“学”过程中,进行不同财务工作岗位的业务操作。第二,在教学过程中,创设工作情景,建议加大实践实操的容量,要紧密结合职业技能证书的考证,加强考证的实操项目的训练。在实践实操过程中,使学生掌握财务岗位工作业务技能,提高学生的岗位适应能力。第三,在教学过程中,建议重视本专业领域新的法律规定、新技术、新内容发展趋势,以贴近企业、贴近生产。为学生提供职业生涯发展的空间,努力培养学生参与社会实践的创新精神和职业能力。第四,教学过程中教师应积极引导学生提升职业素养,提高职业道德。

同时,实训中注重思政元素的融合,结合会计从业人员的职场实务工作,帮助学生树立社会主义核心价值观,增强正确的认识并建立正确的人生观、价值观,自觉提高时代使命感,投身民族复兴大业中。通过实践,使学生明确财务数据的来龙去脉,更深刻体会作为财务人员什么应该做、什么不可以做,要严格遵守《企业会计准则》和相关会计法律、法规、制度,保持应有的职业谨慎,履行好会计工作的监督职责,为国家看好资金门、把好经济关,对自己负责,对社会公众负责,对国家负责,提高使命感和责任感。

(二)模拟实训的组织方式

采用分组、混岗运作方式。实训正式开始以前,实训者需要组成小组。所有的学生按2—4人编成一个学习小组,模拟一个单位的财务科,由组长(财务科长)按照会计机构内部各岗位的分工,进行分岗位操作,明确每个岗位分管的工作范畴,安排每个学生的工作,共同完成一个模拟单位的财务工作。实验课结束时每个学生填写各自分工完成的情况。为了使每个学生对实验的全过程有完整的认识,采用分岗操作时,可以让学生定期轮岗。

四、企业会计综合模拟实训的任务与步骤

(一)模拟实训的任务

(1)能根据模拟企业的具体情况进行会计账簿的启用、会计账户的设置和期初登记;

(2)能根据业务填制原始凭证并审核原始凭证;

(3)能根据所给出的原始凭证编制记账凭证;

(4)能使用记账凭证登记明细账;

(5)能使用记账凭证编制科目汇总表,并登记总账;

(6)能根据总账及明细账编制会计报表。

(二)模拟实训的步骤

(1)根据模拟企业的期初数据和相关资料开设总分类账、日记账、明细分类账及备查账簿;

(2)将期初余额过入各总分类账、日记账、明细分类账及备查账簿。

(3)根据模拟企业本月中的所有原始凭证编制记账凭证;

(4)根据记账凭证,登记日记账、明细分类账及备查账簿;

(5)进行科目汇总,编制科目汇总表;

(6)采用科目汇总表账务处理程序,登记总分类账;

(7)编制调整分录并试算;

(8)结账;

(9)编制结账后试算平衡表;

(10)编制会计报表,包括资产负债表、利润表、现金流量表等;

(11)会计档案整理归档;

(12)次月结转业务。

模拟实训的主要步骤如图1—1所示。

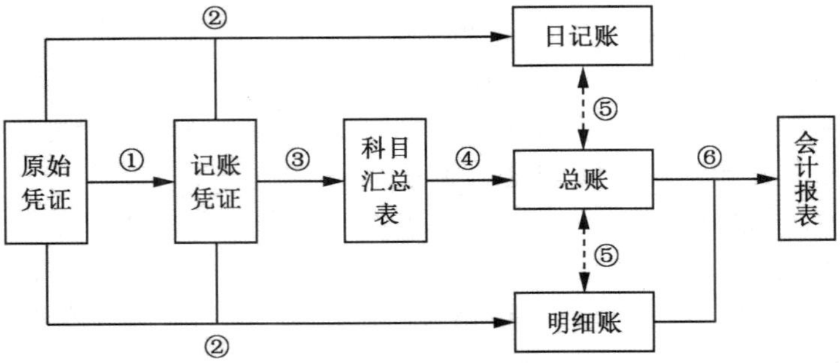

图1—1 模拟实训主要步骤图

五、企业会计综合模拟实训的考核

实训结束后,根据学生的实际实训情况,给出实训成绩,这是整个实训过程中的最后一环,也是最为重要的环节之一。它是对学生激励的一种手段,也是提高以后的实训质量、促进实训过程良性运转的有力保证。为此,必须建立一套科学合理、行之有效、易于操作的实训考核体系,将实训要求和结果进行指标量化,按量化指标进行评分,对每一个实训参与者的实训运作全过程进行考核并评定成绩。

考核成绩由平时成绩(30%)、实训技能(60%)、实训报告(10%)三部分构成。

(一)平时成绩

按照学生平时的出勤情况、课堂表现、平时任务的实训态度和完成情况等,来给出学生的平时成绩。

(二)实训技能

本考核内容是会计模拟实训的核心,涵盖了此次实训中的所有会计流程中的工作,具体包括填制原始凭证、编制记账凭证、登记账簿、编制会计报表、装订会计档案等内容。

每个小组对原始凭证、记账凭证、总分类账、日记账、明细分类账、会计报表进行整理归纳,将记账凭证装订成册并给各分册连续编号,将明细账进行妥善整理,将所有的会计报表封存,最后将所有的会计资料放入专门的档案袋中,交给指导老师。

实训者如有违反会计实践操作规范和具体会计操作标准,即扣除相应的分数。

(三)实训报告

本考核内容是完成模拟实训的书面总结。每个学生对自己在模拟实训中的情况进行小结和评价。结合实训过程中的工作分工及完成情况,总结遇到的各种问题,分析问题,找出解决方案,并提出合理化建议。要求学生把实训过程中的心得体会、经验、收获等等一并写出。与整理的实训账套档案袋，一起交给指导教师。

实训报告必须格式规范，手写工整，要结合具体实训内容，阐述自己的经验与感受，并且观点明确。字数不宜少于 1000 字，不得抄袭，否则一律作零分处理。

【思政元素】

课程首课是对实训内容和框架步骤的讲解。指导老师结合会计从业人员的职场实务工作，把社会主义核心价值观贯穿整个教学过程，和会计专业知识传授相融，充分发挥专业课程的思想政治教育功能。习近平总书记在党的二十大报告中强调，要广泛践行社会主义核心价值观。社会主义核心价值观是凝聚人心、汇聚民力的强大力量。在首课中，让学生认识并树立健康的世界观、人生观、价值观、法治观和道德观，以养成良好的会计职业素养，具备会计职业道德，落实会计职业行为规范，践行社会主义核心价值观于日常工作之中。在后续的仿真实训中，真正做到“爱岗敬业，遵循准则，不做假账”。

案例：“瑞幸咖啡财务造假案”，引导学生树立正确的职业道德观，了解企业社会责任的内涵。2020 年 4 月 2 日，瑞幸咖啡发布公告，承认虚假交易 22 亿元人民币，股价暴跌 80%，盘中数次暂停交易。市场监管总局及上海、北京市场监管部门，对瑞幸咖啡（中国）有限公司、瑞幸咖啡（北京）有限公司等公司作出行政处罚决定。2021 年 4 月，美股投资者在中国上海起诉瑞幸，法院正式立案，这是中概股首例在中国境内被起诉。

第二章　模拟实训的准备和企业情况

一、模拟实训的准备

为了后续能够在模拟实训过程中顺利开展业务处理活动，应当先做好模拟实训的准备，掌握会计书写规范技能。会计书写规范，能够保证会计记录的真实性、可靠性，并防止其他人篡改数据。在财经工作领域，对数码字和文字的书写有其专门的规范和要求。规范书写财经数字文字，既是财会工作者的一项基本技能，也是对财会工作者的基本业务素质要求。

（一）数码字书写规范

数码字（阿拉伯数字，俗称小写数字）是世界各国通用的数字，数量有 10 个，即 0、1、2、3、4、5、6、7、8、9，笔画简单、书写方便、应用广泛，必须规范书写行为，符合会计书写体的要求。

各数字应当一个一个地写，不得连笔写，自成体型，大小匀称，笔画流畅；字迹清晰，不能潦草，不得涂改、刮补；应当按照顺序书写，从高位到低位、从左到右；应当倾斜书写，数字的书写要有一定的斜角度，向右倾斜 60 度为宜。数码字应当高度适当，一般要求占全格的 1/2 为宜，最多不要超过 2/3，为改错留有余地；过大可能会产生数字交叉模糊，过小可能会因不清晰而影响阅读。（如图 2—1）

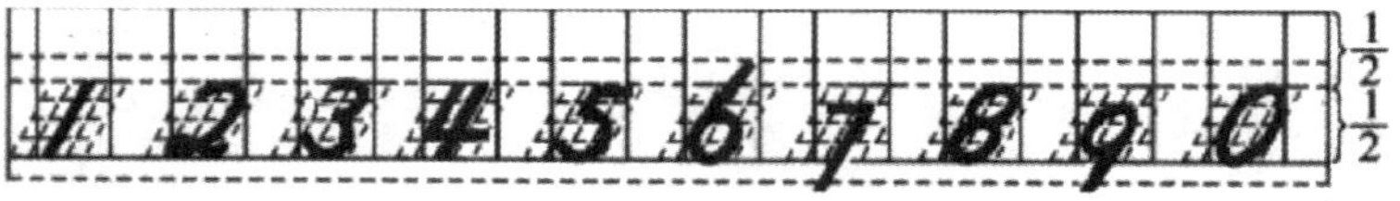

图 2—1　数码字规范书写图

同时，应当左右位置适当，要求每个数字的中部大体位于格距的 1/2 的两条对角线交点上，不宜过于靠左或者靠右。（如图 2—2）

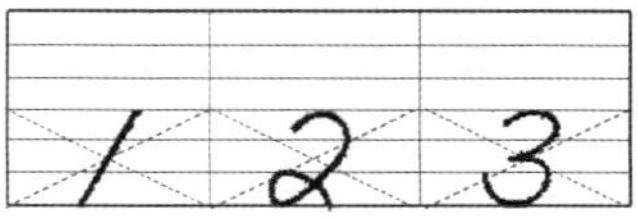

图 2—2　数码字书写位置示意图

每个数字要大小一致，排列应保持相等距离，上下左右要对齐。在印有数位线（或称金额线）的凭证、账簿、报表上，每一格只写一个数字，不得几个数字挤在一个格子里，也不得在数字中间留有空格。如果没有数位线，则数字的整数部分，可以从小数点向左按“三位一节”用撇节号“，”（或称千分撇、分位点）分开，以便于读数、分清大小和汇总计算。

（二）中文大写金额数字书写规范

中文大写金额数字前应标明“人民币”等字样，且其与首个金额数字之间不留空白，数字之间更不能留空白，写数与读数顺序要求一致。如果未印货币名称（一般是“人民币”），应当加填货币名称。中文大写数字金额一律用正楷或行书书写，正确写法为：零、壹、贰、叁、肆、伍、陆、柒、捌、玖、拾、佰、仟、万。

中文大写金额数字到“元”为止的，应当写“整”或“正”字；中文大写金额到“角”为止，可以在“角”之后写“整”或“正”，也可以不写；中文大写金额数字有分位的，分后不写“整”或“正”字。

中文数码（阿拉伯）金额数字中间连续有几个“0”时，中文大写金额数字中间可以只写一个“零”字；金额数字（阿拉伯）万位或元位是“0”，但千位、角位不是“0”时，中文大写金额数字可以只写一个“零”字，也可以不写“零”字；表示数位的文字（拾、佰、仟、万、亿）前必须有数字。

（三）中文大写票据日期书写规范

票据的出票日期必须使用中文大写。

月为壹、贰和壹拾的，日为壹至玖和壹拾、贰拾、叁拾的，应在其前面加“零”；日为拾壹至拾玖的，应在其前加“壹”。

图 2—3 为票据书写规范示意图。

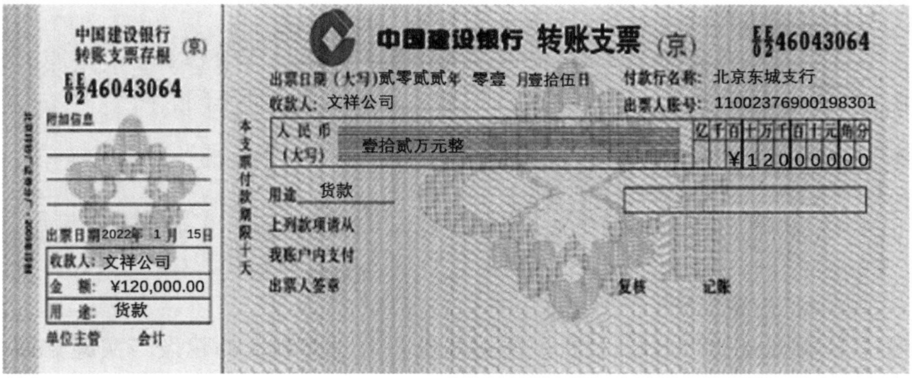

图 2—3　票据书写规范示意图

二、模拟实训企业概况

不同行业不同规模的不同企业，乃至同一行业相同规模的不同企业，都有各自的生产组织特点和经营管理特点，因而所采用的具体核算方法（特别是成本核算方法）就各不相同。在实务中，每家企业都会根据自身的不同情况，制定符合个性化具体的企业会计核算方法和流程。

本书的模拟实训企业是一家工业制造类企业。企业的基本情况如下：

（一）企业基本情况

企业名称：苏州安昆科技股份有限公司

注册地址：江苏省苏州市吴中区阳光东路 88 号

法定代表人:安东阳
注册资金:2000 万元人民币
企业类型:股份有限公司
行　　业:制造业
联系电话:0512—36698877
邮编:215100
记账本位币:人民币(元)
经营范围:生产销售普通机床和数控机床
统一社会信用代码(纳税人识别号):91320411114185458
基本存款账户:中国工商银行苏州市吴中支行,账号 0200002356487219763
企业印鉴:

(二)企业组织架构

公司主要部门包括总经理办公室、党政办、行政办、工会、人事部、财务部、采购部门、市场营销部门、仓管部门、生产部门等。

仓管部门下属有 2 个仓库,分别是原料仓库和产品仓库。

生产部门下属有 3 个基本生产车间和 2 个辅助生产车间,其中基本生产车间分别是铸造车间、锻造车间和装配车间,2 个辅助生产车间是机修车间和动力车间。

三、会计岗位设置及职责

公司财务部共设有财务总监(财务经理)、会计主管、会计核算、出纳等相关岗位,各岗位职责如下:

(一)财务总监(财务经理)

全面负责公司财务会计工作;负责制定并完成公司财务制度的建设与实施;编制、核查并分析公司财务预算与实施的执行情况;负责定期财产清查;加强日常财务管理与成本控制,按期汇集、计算和分析成本控制情况,加强成本控制和管理,向企业领导提出成本控制分析报告及成本计划;承办总经理交办的其他财务工作。

(二)会计主管

负责审核原始单据并办理公司日常会计业务;审核记账凭证与会计报表;负责保证按时申报纳税,负责按照国家税法和其他规定,严格审查应交税金,督促及时办理税务申报工作;承办领导交办的其他财务工作。

(三)会计核算岗

负责按照公司的《会计核算制度》编制记账凭证,做到内容真实、凭证合法、数据准确、手续完备;账目健全;及时登记相关账簿、按时结账、如期申报纳税、定期对账(包括协助财务主管进行现金核查工作);保证所提供的会计信息合法、真实、准确、及时、完整;妥善保管会计凭证、会计账簿、财务会计报表及其他会计资料，负责会计档案的整理和移交工作；及时清理往来款项，协助资产管理部门定期做好财产清查和核实工作，做到账实相符。

（四）出纳

负责按国家有关财经法律、法规以及公司内部管理制度，审核原始凭证的合法性、有效性以及报销金额的准确性、审批手续的完备性，办理现金、银行存款收付的日常工作；严格票据管理，保管和使用空白发票；负责现金空白重要凭证的保管工作；逐日逐笔登记库存现金日记账及银行存款日记账；月末与银行对账，编制银行存款余额调节表，协助上级盘点现金及有价证券。

四、企业的生产情况

苏州安昆科技股份有限公司的生产类型是连续式多步骤生产，生产用原材料从生产开始时一次投入，产品的生产工序集中在各个基本生产车间内完成，辅助生产车间主要为保证生产运营正常进行而向基本生产车间和行政管理部门等单位提供劳务。

3 个基本生产车间：铸造车间、锻造车间和装配车间。

2 个辅助生产车间：机修车间和动力车间。

生产工艺流程如图 2—4 所示。

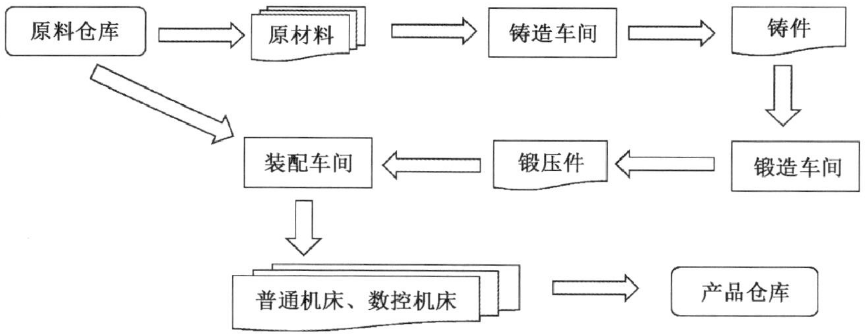

图 2—4　生产工艺流程图

该公司的生产部门根据预算和订单排出可行的“生产计划”，生产调度依据“生产计划”向各生产工序下达生产通知单。两种产品机床的生产工艺流程：首先由铸造车间根据生产计划，把原材料浇铸各种铸件，经检验合格后，交由锻造车间，再经过不同的工序加工成不同的锻压件，经检验合格后送装配车间。装配车间把收到的各种锻压件连同由仓库领来的各种外购件组装成两种型号的机床，经检验合格后送交产品仓库。产品完成全部生产过程后，经检验合格后，由生产部门填制一式四联顺序编号的“入库单”，财务部门据以计算完工产品数量并做账务处理。

辅助生产车间机修车间，主要负责对全公司机器设备的维修；动力车间主要负责对全公司的生产和运营提供动力支持。

五、企业的会计政策

（一）账务处理程序

企业采用科目汇总表核算组织程序。科目汇总表账务处理程序，又称记账凭证汇总表账务处理程序，是根据记账凭证定期汇总编制科目汇总表，并据以登记总分类账的一种账务处理程序。科目汇总表是根据记账凭证汇总而成的，这种会计核算程序的主要特点是：定期编制科目汇总表，并据此登记总分类账。

该公司科目汇总表分旬汇总，每旬汇总一次，并登记总账，每月共编制三张科目汇总表。

(二)记账凭证的分类

采用专用记账凭证，分为收款凭证、付款凭证和转账凭证三种类型，并按各自类别分别顺序编号。

(三)备用金核算方法

采购人员及其他职工出差，预支差旅费的，需在出差结束返回公司后的3天内一次结清。财务部实行定额备用金制度。

(四)存货的核算方法

原材料及周转材料按照计划成本法核算，材料成本差异按照材料类别分类核算，期末结转材料成本差异。周转材料按一次摊销法核算，领用周转材料时成本按计划成本计算结转，月末统一计算材料成本差异。半成品、产成品的成本结转按照实际成本法计算。

产成品发出时，采用月末一次加权平均法计算发出成本。

(五)成本费用的核算方法

1. 基本生产成本的核算方法

企业发生的各项生产费用按成本核算对象和成本项目分别归集。根据公司的情况，在“生产成本——基本生产成本——××车间——××机床”账户中设置“直接材料”“直接人工”和“制造费用”3个成本项目。

属于基本生产车间发生的直接材料(原料及主要材料的生产领用)、直接人工(车间生产工人工资)等费用直接计入相应的“产品明细账”(即各个“生产成本——基本生产成本”账户)中的对应项目(“直接材料”和“直接人工”)。

2. 辅助生产成本的核算方法

辅助生产车间发生的各项费用，在“生产成本——辅助生产成本——××车间”账户中，按发生的具体费用内容设置明细科目。

机修车间发生的所有费用先在“生产成本——辅助生产成本——机修车间”归集后，月末按各车间、部门实际耗用工时进行分配。

动力车间发生的所有费用先在“生产成本——辅助生产成本——动力车间”归集后，月末按各车间、部门实际耗用量进行分配。

汇总、核算后，采用“直接分配法”分配，根据对各基本车间和管理部门提供服务的耗用工时进行分配，转入各“制造费用”或“管理费用”。

3. 制造费用的核算方法

生产车间发生的所有其他间接费用，设置“制造费用——铸造车间”“制造费用——锻造车间”和“制造费用——装配车间”三个明细科目，平日按车间进行归集后，月末按各产品的定额工时进行分配与结转。定额工时表见表3—7。

4. 完工产品和期末在产品的核算方法

三个基本生产车间的两种成品，期末集中进行成本计算。根据公司生产组织、生产工艺、生产规模等特点，本企业采用“平行结转分步法”，生产的产品和自制完工半成品，直接材料按本步骤在产品投料率在完工产品和在产品之间分配，直接人工和制造费用采用本步骤的完工率计算约当产量，在完工产品和在产品之间分配。假设本模拟企业当前会计期间内，完工的自制半成品均全部投入下一生产车间进行生产活动，不存在停留在半成品库内的自制半成品。本企业 12 月份产量情况见表 3－8。

平行结转分步法是以最终产品为目标，不计算各步骤完工半成品的成本，也不计算各步骤所耗上一步骤的半成品成本，只计算本步骤所发生的各项生产费用以及这些费用中应计入产成品成本的份额，经过平行结转、汇总，计算产成品成本的方法，也叫不计算半成品成本分步法。

某步骤在产品约当产量＝该步骤狭义在产品约当产量＋该步骤已完工停留在后续步骤的在产品

（六）固定资产核算方法

固定资产是企业为生产产品、提供劳务、出租或者经营管理而持有，使用时间超过 12 个月的资产。固定资产增加必须填制验收单，并办理有关手续。

本企业的固定资产包括房屋及建筑物、机器设备、生产经营用工具、运输设备和电子设备，共五类。固定资产均采用年限平均法计提折旧，每月的最后一天计提折旧。

各部门固定资产发生的日常维修费用等，直接计入当期费用。

每年 12 月对固定资产进行实地盘点，做到每张固定资产卡片记录的分类余额合计必须与固定资产明细账上各类固定资产的余额核对相符；每张固定资产卡片的记录，必须对应一个独立的实物。

（七）无形资产核算办法

每月月末最后一天摊销无形资产的价值。

（八）资产减值核算方法

年底对各类资产进行减值测试，计提资产减值准备。

该企业的坏账准备计提使用余额百分比法。坏账损失的计提于每年年末，按应收账款余额 4％的比例计提坏账准备，调整坏账准备余额。

（九）职工薪酬核算方法

公司生产一线工人实行个人计件工资制度，车间管理人员及公司管理部门实行岗位、效益工资制度。职员每月工资由基本工资、岗位津贴、奖金等项目构成。按工资的 14％计提职工福利费。

各项社会保险和住房公积金缴纳比例如表 2－1 所示。其中个人缴纳的医疗保险为缴费基数的 2％，再加上 3 元/月的重大疾病统筹。

表 2－1　　社保和住房公积金的缴纳比例

项目	养老保险		医疗保险		失业保险		生育保险	工伤保险	住房公积金	
缴费类别	单位缴纳	个人缴纳	单位缴纳	个人缴纳	单位缴纳	个人缴纳	单位缴纳	单位缴纳	单位缴纳	个人缴纳
缴费比例	20％	8％	10％	2％＋3	1％	0.2％	0.8％	0.5％	8％	8％

应付职工薪酬中的工会经费、职工教育经费和非货币性福利，在实际发生时不考虑成本费用，仅做支付的会计处理；在期末计提时分配成本费用项目。

（十）所得税费用的核算

所得税的核算方法采用资产负债表债务法。

假设本模拟企业一直以来无任何纳税调整事项，即模拟月份的会计利润等于应纳税所得额。(《企业会计准则》规定，上市公司的所得税会计必须采用资产负债表债务法核算。本书为了简化和降低难度，故假设无任何纳税调整事项。)

(十一)税金及附加的计算

(1)企业所得税税率：25%

(2)增值税税率：13%(本企业为增值税一般纳税人)

(3)增值税税率：9%(房屋租赁)

(4)城市维护建设税：7%

(5)教育费附加：3%

(6)地方教育附加：2%

(7)房产税：

自用：原值×(1－30%)×1.2%/12

出租：月租金收入×12%

房产税按月计提或摊销，每年分 2 次于 4 月、10 月申报缴纳。

(8)个人所得税：

由企业根据职工的每月工资所得，按 7 级超额累进税率代扣代缴。

(十二)借款利息的处理

(1)为购建固定资产发生的借款的利息，当同时满足以下三个条件时，开始资本化：

①资产支出已经发生。②借款费用已经发生。③为使资产达到预定可使用状态所必要的购建活动已经开始。

当所购建资产达到预定可使用状态时，应停止资本化。

(2)按月计算借款利息资本化的金额。

(3)其他借款利息及不符合借款费用资本化条件的专门借款利息均计入发生当期的财务费用。

(十三)利润分配的处理

每年年末按税后利润的 10%计提法定盈余公积，按税后利润的 5%计提任意盈余公积。年末可根据盈利情况，召开董事会，根据董事会决议决定是否继续向投资者分配利润及分配多少。

(十四)其他事项

(1)相关费用的分配方法。

各月水费、电费按各部门的实际用量分摊，水费、电费、折旧、电话费不再进行销售部门与管理部门分配，全部计入“管理费用”。

(2)在计算过程中如出现小数除不尽的情况，所有分配率保留四位小数，计算的分配金额结果保留两位小数。不能整除的分配率，对最后一个部门或产品的费用分配要注意尾差调整，使用倒挤法来计算。

【思政元素】

在进行规范书写财经数字文字的实操训练的同时，引申对《中华人民共和国票据法》《票据管理实施办法》《财政票据管理办法》等相关法律法规的学习。举例讲解会计从业人员的职业道德(正直、客观、保密、专业行为),例如列举证监会和法院对不遵守法律法规和职业道德的会计人员的处罚和刑事责任等,培养学生遵纪守法的基本职业道德修养。习近平总书记指出,教育是国之大计、党之大计。培养什么人、怎样培养人、为谁培养人是教育的根本问题。育人的根本在于立德。

同时,在授课过程中,结合对模拟实训企业的业务介绍,使学生理解财务工作应当紧密联系企业的业务与运营管理,加强学生关于业财融合的意识,学会从企业的整体去思考业务开展是否符合集团发展的目标方向。引入热点案例,要求学生在实践中做到深入业务活动,特别是将财务管理前移到业务前端,通过对数据的预测和分析,反馈给业务部门及决策层,使企业的管理决策更加科学;同时,通过把握业务流程的关键控制点和潜在风险点,实施有针对性的改进,降低运营风险。通过本章的学习,培养学生的责任感和使命感,使学生能够用联系的、全面的、发展的观点看问题,更全面地理解企业财务工作的相关内容,构建更完整的知识体系。

案例:46 岁的马某某是乌鲁木齐 A 商贸有限公司、石河子市 B 商贸有限公司的会计。43 岁的陆某某是新疆昌吉 C 物流有限公司法定代表人。让两个人联系在一起的,不是实际的生意往来,而是互相"帮忙"虚开增值税发票,数额之大令人咋舌。石河子市人民法院依法公开审理了此案。

法院经查后认为:被告人马某某作为一名专业会计,在明知 A、B 两公司与他人无实际业务发生的情况下,仍受公司负责人的指使,多次为他人(包括陆某某在内)、接受他人(包括陆某某在内)虚开的增值税专用发票,且积极帮助公司负责人筹办注册成立石河子市某商贸有限公司的事宜,其行为主动、积极,不符合从犯的构成要件。

遂判决:马某某犯虚开增值税专用发票罪,判处有期徒刑六年,并处罚金二十五万元。

第三章　模拟企业期初建账

期初建账是会计核算基本操作流程的第一步，只有建立了新账，才能进行后期的记账、结账以及会计报表的编制工作。建账即建立账簿体系，是指在新建企业或原有企业在新一年度开始时，会计人员根据财务核算工作的需要设立完整的一套账簿，包括总分类账、日记账及明细分类账等。

由于本模拟企业是有期初余额的，所以建立账簿时，还需要用到总账账户和明细分类账户的期初余额以及其他相关的资料。

一、账簿种类及建账流程

（一）账簿种类

账簿按其用途可分为序时账簿、分类账簿和备查账簿。

序时账簿一般指日记账簿，是指按照经济业务发生的时间先后顺序，逐日、逐笔连续记录经济业务的账簿。

分类账簿一般指总账和明细账，是用于登记各类经济业务增减变动及其余额的账簿。根据一级会计科目设置的账簿叫总分类账，它提供各类经济业务的总括情况；根据二级或明细科目设置的账簿叫明细分类账，提供各类经济业务的详细情况。

备查账簿，又叫补充登记簿或辅助登记簿，指的是对某些分类账簿和在序时账簿中没有能记载，或者是记载不全的经济业务进行补充登记的账簿。企业根据需要设置备查账若干本，该账簿没有固定的账本形式和账页格式，企业可以根据实际情况选择适用账簿。如企业可以设置“租入固定资产登记簿”“支票登记簿”“应收票据备查簿”等。

（二）建账流程

1. 填写账簿启用表

账簿启用表如图 3—1 所示。

启用会计账簿填写扉页时，应按规定填写：单位名称、账簿名称、账簿编码、账簿页数、启用日期、记账人员、会计主管人员和会计机构负责人姓名，并加盖名章和公章。例如单位名称为“苏州安昆科技股份有限公司”，账簿名称为“总分类账簿”，账簿编码为“2022 年总 1 册共 1 册”，启用日期为“2022 年 12 月 1 日”等。记账人员或会计主管人员调动工作时，如实填写交

<table>
<tr><th colspan="11">账簿启用</th></tr>
<tr><td colspan="2">单位名称</td><td colspan="8"></td><td>单位盖章</td></tr>
<tr><td colspan="2">账簿名称</td><td colspan="8"></td><td rowspan="7"></td></tr>
<tr><td colspan="2">账簿编码</td><td colspan="8">年 总 册 第 册</td></tr>
<tr><td colspan="2">账簿页数</td><td colspan="8">本账簿共计 页 第 页</td></tr>
<tr><td colspan="2">启用日期</td><td colspan="8">年 月 日至 年 月 日</td></tr>
<tr><td rowspan="3">经管人员</td><td colspan="3">负责人</td><td colspan="3">主办会计</td><td colspan="3">记账</td></tr>
<tr><td>职别</td><td>姓名</td><td>盖章</td><td>职别</td><td>姓名</td><td>盖章</td><td>职别</td><td>姓名</td><td>盖章</td></tr>
<tr><td></td><td></td><td></td><td></td><td></td><td></td><td></td><td></td><td></td></tr>
<tr><td rowspan="6">交接记录</td><td rowspan="2">职别</td><td rowspan="2">姓名</td><td colspan="4">接管</td><td colspan="4">移交</td><td rowspan="2">印花税票占用处</td></tr>
<tr><td>年</td><td>月</td><td>日</td><td>盖章</td><td>年</td><td>月</td><td>日</td><td>盖章</td></tr>
<tr><td></td><td></td><td></td><td></td><td></td><td></td><td></td><td></td><td></td><td></td><td></td></tr>
<tr><td></td><td></td><td></td><td></td><td></td><td></td><td></td><td></td><td></td><td></td><td></td></tr>
<tr><td></td><td></td><td></td><td></td><td></td><td></td><td></td><td></td><td></td><td></td><td></td></tr>
<tr><td></td><td></td><td></td><td></td><td></td><td></td><td></td><td></td><td></td><td></td><td></td></tr>
</table>

图 3—1 账簿启用表

接记录，应当注明交接日期、接办人员和监交人员姓名，并由交接双方签名或者盖章。企业还应该购买并粘贴印花税票在此页“印花税票占用处”上。

2. 设立账户并登记期初余额

(1)总分类账

总分类账簿，是根据总分类账户(一级科目)开设，可全面反映会计主体的经济活动情况，本模拟企业根据分旬的汇总数登记各总账账户的汇总金额，进行总括核算，为编制报表提供所需的资料。

总分类账的外部形式一般采用订本式账簿，内部格式采用三栏式账页格式，如图 3—2 所示。

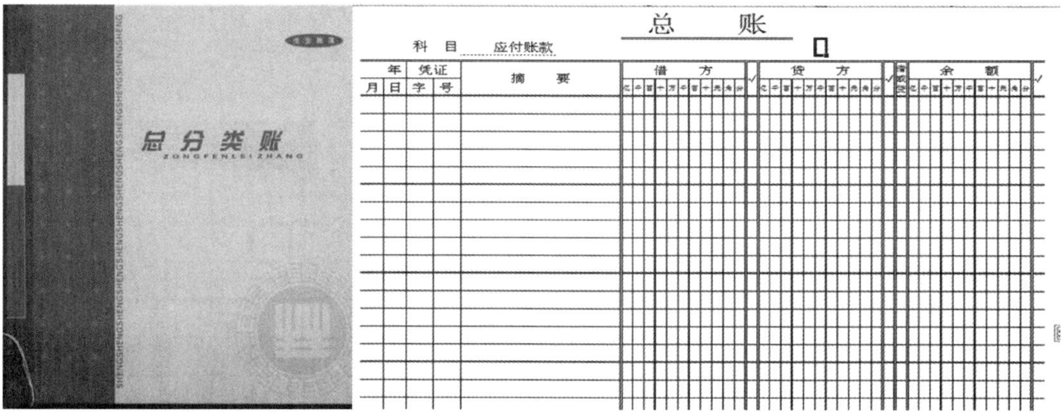

图 3—2 总分类账账簿和账页

总分类账簿按照企业的总分类科目设置，每一个总分类科目对应一个总分类账户。企业为了对全部资金运动进行总括的监督和控制，应设置总账。只要是本模拟企业使用到的总分类科目，都应当建立相应的总分类账户，包括有期初余额的和本期有发生额的。为了登记总账方便，账户可按着资产、负责、所有者权益类、成本类、损益类的顺序开设。

本模拟企业的总账建立，可以参照后面的建账资料，按照会计科目的先后顺序在总账账页上建立总账账户，同时应将各总账账户的期初余额结转过来。在登记总账科目的期初余额时，摘要栏的填写因各单位账务处理程序不相同，摘要填写的内容也不相同，一般应在摘要栏填写“期初余额”“上月结转”“上年结转”等。如图 3—3 所示。

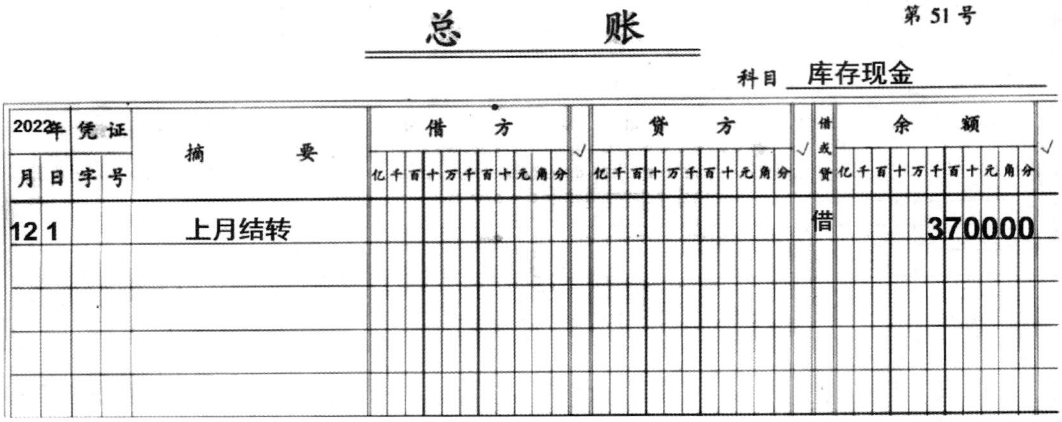

图 3—3　库存现金总账建账示例

(2)日记账

为了加强对货币资金的管理，维护货币资金的安全和完整，一切经济单位都应该设置现金日记账和银行日记账，用于序时核查现金和银行存款的收入、支出和结存情况。库存现金日记账和银行存款日记账应当各设置一本。如果单位开设了两个以上银行存款账号的，则应当根据不同账号，分别开设银行存款日记账。

现金日记账和银行存款日记账必须采用定本式账簿，一般采用三栏式。

属于跨期更换日记账的，应将上期各账户余额转入本期，分别登记有关账户期初余额。

现金日记账是用来核算和监督库存现金每天的收入、支出和结存情况的账簿，一般采用三栏式结构，如图 3—4 所示。

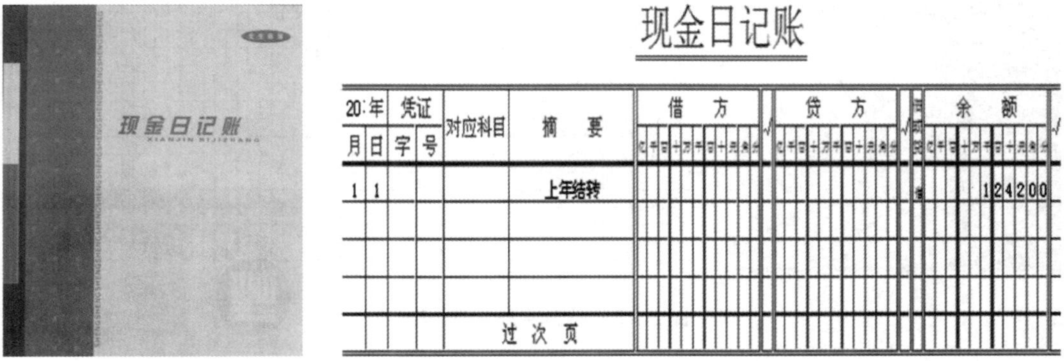

图 3—4　现金日记账账簿和账页

本模拟企业的“库存现金”科目没有设下级明细科目，所以只须设置一本库存现金日记账。在现金日记账启用以后，在首页的账页上，要结转上一会计期间的期末余额作为当前会计期间的期初余额。一般应在摘要栏填写“期初余额”“上月结转”“上年结转”等。如图 3—5 所示。

现金日记账

一级科目：库存现金

2011年		记账凭证号数	摘要	对方科目	页数	借方									贷方									借或贷	余额									
月	日					百	十	万	千	百	十	元	角	分	百	十	万	千	百	十	元	角	分		千	百	十	万	千	百	十	元	角	分
12	1		上月结转																					借					5	0	0	0	0	0

图 3—5　现金日记账建账示例

银行存款日记账是用来核算和监督银行存款每日的收入、支出和结余情况的账簿。银行存款日记账就按企业在各银行开立的账户和币种分别设置，每个银行账户设置一本日记账。银行存款日记账如图 3—6 所示。

图 3—6　银行存款日记账账簿和账页

当企业的“银行存款”科目下设立多个明细科目时，应当分别为其建立日记账，即应该建立多本银行存款日记账。在账簿启用以后，在每一本银行存款日记账的首页的账页上面，要结转上一会计期间的期末余额作为当前会计期间的期初余额。一般应在摘要栏填写“期初余额”“上月结转”“上年结转”等。如图 3—7、3—8 所示。

银行存款日记账

一级科目：银行存款
子目或户名：工商银行

2011年		记账凭证号数	摘要	对方科目	页数	借方									贷方									借或贷	余额									
月	日					百	十	万	千	百	十	元	角	分	百	十	万	千	百	十	元	角	分		千	百	十	万	千	百	十	元	角	分
12	1		上月结转																					借	8	2	0	4	3	8	1	5	0	0

图 3—7　“银行存款——工商银行”日记账建账示例

银行存款日记账

一级科目：银行存款
子目或户名：建行银行

2011年		记账凭证号数	摘要	对方科目	页数	借方									贷方									借或贷	余额									
月	日					百	十	万	千	百	十	元	角	分	百	十	万	千	百	十	元	角	分		千	百	十	万	千	百	十	元	角	分
12	1		上月结转																					借			5	0	0	0	0	0	0	0

图 3—8 “银行存款——建设银行”日记账建账示例

(3)明细分类账

明细分类账簿，简称明细账，是根据二级账户或明细账户开设，分类、连续地登记经济业务以提供明细核算资料的账簿。明细分类账是总分类账的明细记录，反映某一具体类别(明细科目)经济活动情况的账簿，对总账起补充说明的作用。它是编制会计报表的重要依据。明细分类账一般采用活页式账簿，有三栏式、数量金额式、多栏式等多种账页格式，相同格式的账页装订成册。三栏式、数量金额式和多栏式账页格式如图 3—9 所示。

总页号 分页号
一级科目
子目或户名

年		凭证		摘要	借方	✓	贷方	✓	借或贷	余额	✓
月	日	字	号								

总页号 分页号
最高存量
编号
最低存量 存储地点 规格 类别 计量单位 品名

年		凭证		摘要	借方			贷方			余额		
月	日	种类	号数		数量	单价	金额	数量	单价	金额	数量	单价	金额

科目

年		凭证编号	摘要	借方	贷方	借或贷	余额				
月	日										

图 3—9 三栏式、数量金额式和多栏式账页格式

三栏式明细分类账账页，只设有借方、贷方和余额三个金额栏。因此该类账页适用于只需要反映金额的业务，如应收账款、应付账款等不需要进行数量核算的债权、债务结算账户。一般情况下，企业除了使用数量金额式账页(反映存货)、多栏式账页(反映成本费用)、固定资产明细账账页(反映固定资产)、增值税账页(反映增值税)、物资采购账页(反映在途物资)等的明

细科目之外，其他明细科目均可以使用三栏式账页设立明细分类账。

按照科目顺序，把开设在三栏式账页的所有明细科目的科目名称，分别填写在各个账页的"科目名称"位置。并且，要将该明细科目的金额进行结转，把上一会计期间的期末余额作为当前会计期间的期初余额。一般应在摘要栏填写"期初余额""上月结转""上年结转"等。如图3－10、3－11、3－12所示。

明细账

总目：其他货币资金
子目：存出投资款

2011年		记账凭证号数	摘要	页数	借方	贷方	借或贷	余额
月	日				百十万千百十元角分	百十万千百十元角分		千百十万千百十元角分
12	1		上月结转				借	50000000

图3－10　"其他货币资金——存出投资款"三栏式明细账建账示例

明细账

总目：其他货币资金
子目：外埠存款

2011年		记账凭证号数	摘要	页数	借方	贷方	借或贷	余额
月	日				百十万千百十元角分	百十万千百十元角分		千百十万千百十元角分
12	1		上月结转				借	350000000

图3－11　"其他货币资金——外埠存款"三栏式明细账建账示例

总页号　分页号

明细账

一级科目　本年利润
子目或户名

2022年		凭证		摘要	借方	√	贷方	√	借或贷	余额	√
月	日	字	号		亿千百十万千百十元角分		亿千百十万千百十元角分			亿千百十万千百十元角分	
12	1			上月结转					贷	850477500	

图3－12　"本年利润"三栏式明细账建账示例

数量金额式明细账分类账页，分别设有借方、贷方和结存（余额），并在借方、贷方和结存（余额）下面均设有数量、单价和金额栏。这种格式适用于既要进行金额核算，又要进行实物数量核算的各种财产物资账户，如原材料、库存商品等账户的明细分类核算。如图 3－13 所示。

原材料明细账

总页号 分页号

最高存量 5000　　编号 01

最低存量 500　存储地点 原料仓库　规格 52*83　类别 原料及主要材料　计量单位 吨　品名 钢材

2022年		凭证		摘要	借方			贷方			余额		
月	日	种类	号数		数量	单价	金额	数量	单价	金额	数量	单价	金额
12	1			期初余额							2000	1800.00	360000000

图 3－13 “原材料——原料及主要材料——钢材”数量金额式明细账建账示例

按照科目顺序，把开设在数量金额式账页的存货类明细科目，分别填写在各个账页的相应位置，如类别、品名、规格等。并且，要将该明细科目的数量和金额进行结转，把上一会计期间的期末结余数量和余额作为当前会计期间的期初数量和余额。数量和单价的乘积等于金额，且填写金额前必须把对应的数量和单价填写出来。登记期初数据时，一般应在摘要栏填写“期初余额”“上月结转”“上年结转”等。

多栏式明细分类账，是企业根据经营管理的需要和经济业务的特点，在一张账页内按有关明细科目或明细项目分设若干专栏，在同一张账页上集中反映各有关明细科目或明细项目的明细核算资料。多栏式明细分类账一般用来核算成本费用类等明细账户。

企业一般设置基本生产成本的账户规则是“生产成本——基本生产成本——某某基本生产车间——某某产品”。每个基本生产账户均按照产品的成本项目进行明细核算，成本项目一般包括“直接材料”“直接人工”“制造费用”等。以“生产成本——基本生产成本——纺纱车间——经纱”为例，如图 3－14 所示。

生产成本——基本生产成本——纺纱车间——经纱明细账

2011年		凭证		摘要	借方	贷方	余额	借方			
月	日	种类	号数					直接材料	直接人工	其他直接费用	制造费用
12	1			期初余额			1,808,100.00	1,480,920.00	215,250.00	25,830.00	86,100.00

图 3－14 “生产成本——基本生产成本——纺纱车间——经纱”多栏式明细账建账示例

在建立基本生产成本的多栏式明细账时，应该在账页上填写明细科目名称、建账日期、摘要、总期初余额以及各个成本项目的期初余额，示例中分别填入“生产成本——基本生产成本——纺纱车间——经纱”、2011 年 12 月 1 日、期初余额（每年 1 月 1 日建新账时，摘要应该是“上年结转”）、总期初余额和成本项目明细期初余额。

除了基本生产成本以外，“生产成本——辅助生产成本——某某辅助车间”“制造费用——某基本生产车间”“管理费用”“销售费用”“财务费用”及其他需要进行明细核算的损益类账户，也可以建立在多栏式明细账里；如果不需要进行明细项目核算，也可以建立在三栏式明细账里。由于上述损益类明细科目是没有期初余额的，所以在建账时只须在账页上写上明细科目名称即可，也可以在后期记账环节再进行建账。如图 3—15 所示。

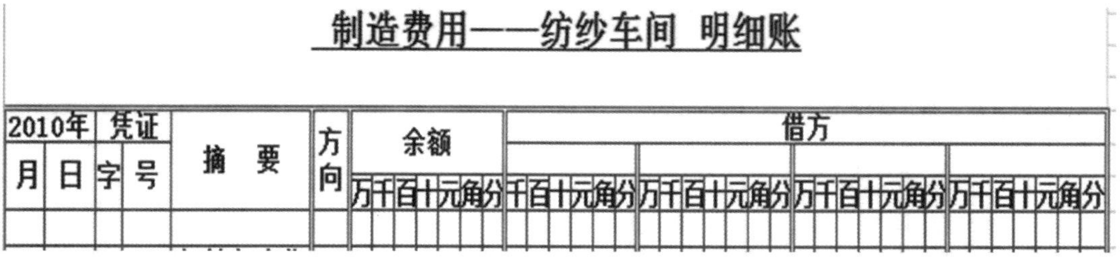

图 3—15　“制造费用—纺纱车间”多栏式明细账建账示例

各类会计账簿账页格式如图 3—16 所示。

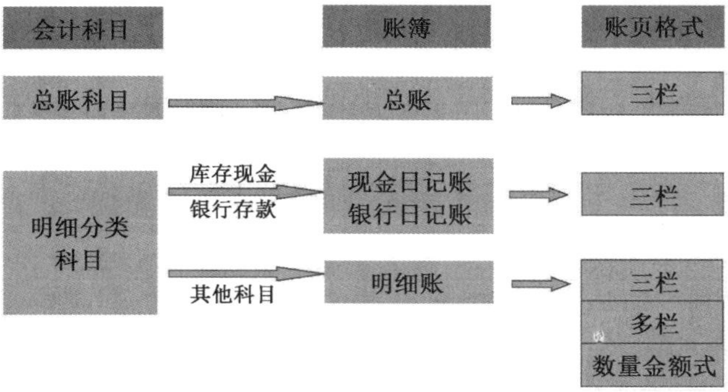

图 3—16　各类会计账簿账页格式图

二、建账资料

（一）总账科目表

总账科目如表 3—1 所示。

表 3—1 **会计科目表**

顺序号	编号	会计科目名称	顺序号	编号	会计科目名称
一、资产类					
1	1001	库存现金	15	1411	周转材料
2	1002	银行存款	16	1501	债权投资
3	1012	其他货币资金	17	1511	长期股权投资
4	1101	交易性金融资产	18	1521	投资性房地产
5	1121	应收票据	19	1522	投资性房地产累计折旧
6	1122	应收账款	20	1601	固定资产
7	1123	预付账款	21	1602	累计折旧
8	1131	应收股利	22	1603	固定资产减值准备
9	1221	其他应收款	23	1604	在建工程
10	1231	坏账准备	24	1606	固定资产清理
11	1401	材料采购	25	1701	无形资产
12	1403	原材料	26	1702	累计摊销
13	1404	材料成本差异	27	1703	无形资产减值准备
14	1405	库存商品	28	1901	待处理财产损益
二、负债类					
1	2001	短期借款	6	2221	应交税费
2	2201	应付票据	7	2231	应付利息
3	2202	应付账款	8	2232	应付股利
4	2203	预收账款	9	2241	其他应付款
5	2211	应付职工薪酬	10	2501	长期借款
四、所有者权益类					
1	4001	实收资本	4	4103	本年利润
2	4002	资本公积	5	4104	利润分配
3	4101	盈余公积			
五、成本类					
1	5001	生产成本	2	5101	制造费用
六、损益类					
1	6001	主营业务收入	9	6405	税金及附加
2	6051	其他业务收入	10	6601	销售费用
3	6101	公允价值变动损益	11	6602	管理费用
4	6111	投资收益	12	6603	财务费用
5	6115	资产处置损益	13	6701	资产减值损失
6	6301	营业外收入	14	6702	信用减值损失
7	6401	主营业务成本	15	6711	营业外支出
8	6402	其他业务成本	16	6801	所得税费用

（二）明细分类账户期初余额

明细分类账户期初余额如表 3－2 所示。

表 3－2　明细科目期初余额表　单位：元

科目编码	总账科目	明细科目	方向	期初余额
1001	库存现金		借	5984.00
1002	银行存款		借	813225.48
100201	银行存款	工商银行	借	698770.48
100202	银行存款	交通银行	借	114455.00
1012	其他货币资金		借	342000.00
101201	其他货币资金	外埠存款	借	32000.00
101203	其他货币资金	银行汇票存款	借	46000.00
101206	其他货币资金	存出投资款	借	264000.00
110101	交易性金融资产	成本	借	40957.45
112101	应收票据	北京市天鸿机电有限公司	借	78900.00
1122	应收账款		借	858000.00
112202	应收账款	山西机电制造有限公司	借	629000.00
112203	应收账款	苏州市花杨贸易有限公司	借	35000.00
112204	应收账款	北京市机床经销有限公司	借	65000.00
112205	应收账款	北京重型机械制造有限公司	借	129000.00
1123	预付账款		借	261500.00
112301	预付账款	长江钢铁集团有限公司	借	100000.00
112302	预付账款	锦江轴承制造有限公司	借	161500.00
1221	其他应收款		借	59893.51
122101	其他应收款	刘海	借	2000.00
122103	其他应收款	王丰明	借	1500.00
122104	其他应收款	李海	借	8500.00
122105	其他应收款	社会保险费个人部分	借	26854.60
122106	其他应收款	住房公积金个人部分	借	21038.91
1231	坏账准备		贷	34320.00
140101	材料采购	轴承 Q123	借	120000.00
1403	原材料		借	1964680.00
14030101	原材料	外购半成品（电机 X123）	借	267000.00
14030102	原材料	外购半成品（电机 X345）	借	130000.00
14030103	原材料	外购半成品（轴承 Q123）	借	642600.00

续表

科目编码	总账科目	明细科目	方向	期初余额
14030104	原材料	外购半成品(轴承 Q345)	借	371000.00
14030105	原材料	外购半成品(标准件)	借	37800.00
14030201	原材料	原料及主要材料(生铁)	借	235200.00
14030202	原材料	原料及主要材料(钢)	借	237800.00
14030301	原材料	燃料(焦炭)	借	16000.00
14030302	原材料	燃料(煤)	借	13880.00
14030401	原材料	辅助材料(油漆)	借	12000.00
14030402	原材料	辅助材料(润滑油)	借	1400.00
1404	材料成本差异		借	67565.00
140401	材料成本差异	原料及主要材料	借	18200.00
140402	材料成本差异	辅助材料	借	120.00
140403	材料成本差异	外购半成品	借	43849.00
140404	材料成本差异	燃料	借	1438.00
140405	材料成本差异	周转材料	借	3958.00
1405	库存商品		借	965200.00
140501	库存商品	数控机床	借	669200.00
140502	库存商品	普通机床	借	296000.00
1411	周转材料		借	201007.00
14110101	周转材料	劳动保护品(工作服)	借	880.00
14110102	周转材料	劳动保护品(劳保鞋)	借	1540.00
14110103	周转材料	劳动保护品(耐热手套)	借	140.00
14110201	周转材料	附件(勾扳手)	借	260.00
14110202	周转材料	附件(法兰盘)	借	1372.00
14110203	周转材料	附件(螺钉)	借	595.00
141103	周转材料	专用工具	借	141120.00
141104	周转材料	包装箱	借	55100.00
1501	债权投资		借	32205.00
151101	长期股权投资	盛辉制造有限责任公司	借	256200.00
1521	投资性房地产		借	600000.00
1522	投资性房地产累计折旧		贷	170400.00
1601	固定资产		借	12211500.00
160101	固定资产	房屋及建筑物	借	8800000.00
160102	固定资产	机器设备	借	2049000.00

续表

科目编码	总账科目	明细科目	方向	期初余额
160103	固定资产	生产经营用工具	借	307300.00
160104	固定资产	运输设备	借	612700.00
160105	固定资产	电子设备	借	442500.00
1602	累计折旧		贷	4157023.64
160201	累计折旧	房屋及建筑物	贷	2499200.00
160202	累计折旧	机器设备	贷	787876.00
160203	累计折旧	生产经营用工具	贷	148422.40
160204	累计折旧	运输设备	贷	421520.00
160205	累计折旧	电子设备	贷	300005.24
1603	固定资产减值准备		贷	94500.00
1604	在建工程		借	392000.00
160401	在建工程	锅炉改进工程	借	79000.00
160402	在建工程	厂房建造工程	借	313000.00
170101	无形资产	专利技术	借	2136000.00
1702	累计摊销		贷	409400.00
200101	短期借款	工商银行	贷	1200000.00
220101	应付票据	上海钢铁制造有限公司	贷	42000.00
2202	应付账款		贷	936166.00
220201	应付账款	上海钢铁物资有限公司	贷	268000.00
220202	应付账款	山西鸿运轴承销售有限公司	贷	140166.00
220204	应付账款	北京永达五金有限公司	贷	528000.00
220301	预收账款	山西机电制造有限公司	贷	176164.00
2211	应付职工薪酬		贷	289860.22
221101	应付职工薪酬	工资	贷	263550.30
221103	应付职工薪酬	住房公积金	贷	21038.91
221104	应付职工薪酬	工会经费	贷	5271.01
2221	应交税费		贷	332032.15
222102	应交税费	未交增值税	贷	216500.00
222106	应交税费	应交所得税	贷	99106.70
222108	应交税费	应交城市维护建设税	贷	15155.00
222109	应交税费	应交房产税	借	7168.00
222110	应交税费	应交土地使用税	借	2692.00
222111	应交税费	应交车船税	借	332.80

续表

科目编码	总账科目	明细科目	方向	期初余额
222113	应交税费	应交教育费附加	贷	6495.00
222114	应交税费	应交地方教育附加	贷	4330.00
222115	应交税费	应交印花税	贷	638.25
2231	应付利息		贷	22488.89
2241	其他应付款		贷	78600.00
224101	其他应付款	存出保证金	贷	77000.00
224102	其他应付款	张涛	贷	1600.00
250101	长期借款	工商银行	贷	1200000.00
4001	实收资本		贷	10000000.00
4002	资本公积		贷	244394.00
410101	盈余公积	法定盈余公积	贷	700087.00
4103	本年利润		贷	1600000.00
410401	利润分配	未分配利润	贷	125000.00
5001	生产成本	见表 3—5	借	405618.46

（三）存货明细账户期初余额

存货（包括原材料、周转材料和库存商品）所属明细分类账户余额，见表 3—3。

表 3—3 **存货期初余额表** 金额单位：元

一级科目	二级科目	三级科目	规格	方向	期初余额	计量单位	数量	单价
材料采购	轴承 Q123		Q123	借	120000.00	套	400	300.00
原材料	原料及主要材料	生铁		借	235200.00	吨	98	2400.00
		钢		借	237800.00	吨	82	2900.00
	燃料	焦炭		借	16000.00	吨	32	500.00
		煤		借	13880.00	吨	86.75	160.00
	辅助材料	油漆		借	12000.00	千克	1000	12.00
		润滑油		借	1400.00	千克	400	3.50
	外购半成品	电机 X123	X123	借	267000.00	台	178	1500.00
		电机 X345	X345	借	130000.00	台	520	250.00
		轴承 Q123	Q123	借	642600.00	套	1890	340.00
		轴承 Q345	Q345	借	371000.00	套	2650	140.00
		标准件		借	37800.00	个	2100	18.00

续表

一级科目	二级科目	三级科目	规格	方向	期初余额	计量单位	数量	单价
周转材料	劳动保护品	工作服		借	880.00	套	22	40.00
		劳保鞋		借	1540.00	双	55	28.00
		耐热手套		借	140.00	副	28	5.00
	附　件	勾扳手		借	260.00	个	52	5.00
		法兰盘		借	1372.00	个	98	14.00
		螺钉		借	595.00	盒	35	17.00
	专用工具			借	141120.00	把	3360	42.00
	包装箱			借	55100.00	个	145	380.00
库存商品	数控机床			借	669200.00	台	28	23900.00
	普通机床			借	296000.00	台	20	14800.00

(四)材料成本差异明细账户期初余额

材料成本差异按照存货大类(原料及主要材料、辅助材料、外购半成品、燃料、周转材料)计算材料成本差异,设置明细分类账户进行核算。材料成本差异明细账户期初余额见表3—4。

表3—4　材料成本差异明细账户期初余额　单位:元

一级科目	二级科目	方向	期初余额
材料成本差异	原料及主要材料	借	18200.00
	辅助材料	借	120.00
	外购半成品	借	43849.00
	燃料	借	1438.00
	周转材料	借	3958.00

(五)生产成本明细账户期初余额

生产成本所属明细账户期初余额,见表3—5。

表3—5　生产成本所属明细账户期初余额　单位:元

	基本车间	产品	直接材料	直接人工	制造费用	合计
生产成本——基本生产成本	铸造车间	数控机床	22615.50	10890.50	7335.30	40841.30
		普通机床	49125.36	9480.50	3632.50	62238.36
	锻造车间	数控机床	25870.55	27980.00	15570.55	69421.10
		普通机床	21400.60	8480.30	4960.20	34841.10
	装配车间	数控机床	129230.50	15450.15	13625.00	158305.65
		普通机床	23980.30	7580.10	8410.55	39970.95

(六)固定资产明细账户期初余额

固定资产所属明细账户期初余额,见表3—6。

表 3—6 **固定资产明细资料表** 金额单位:元

使用部门	类别	品名	单位	数量	单价	原始金额	预计残值率	预计使用年限	月折旧率(%)	入账时间	累计已提折旧
铸造车间	房屋及建筑物	第一厂房	栋	1	2040000.00	2040000.00	4%	20	0.40%	2016.12	579360.00
	机器设备	A机器	台	4	241250.00	965000.00	4%	10	0.80%	2018.11	370560.00
	生产用工具	A工具	组	8	4000.00	32000.00	4%	5	1.60%	2020.6	15360.00
	小　计					3037000.00					965280.00
锻造车间	房屋及建筑物	第二厂房	栋	1	2380000.00	2380000.00	4%	20	0.40%	2016.12	675920.00
	机器设备	B机器	台	4	121250.00	485000.00	4%	10	0.80%	2018.11	186240.00
	生产用工具	B工具	组	8	4000.00	32000.00	4%	5	1.60%	2020.6	15360.00
	小　计					2897000.00					877520.00
装配车间	房屋及建筑物	第三厂房	栋	1	2176000.00	2176000.00	4%	20	0.40%	2016.12	617984.00
	机器设备	C机器	台	4	57500.00	230000.00	4%	10	0.80%	2018.11	88320.00
	生产用工具	C工具	组	8	4000.00	32000.00	4%	5	1.60%	2020.6	15360.00
	小　计					2438000.00					721664.00
机修车间	房屋及建筑物	第三厂房	栋	1	102000.00	102000.00	4%	20	0.40%	2016.12	28968.00
	机器设备	D机器	台	3	55000.00	165000.00	4%	10	0.80%	2018.11	63360.00
	小　计					267000.00					92328.00
动力车间	房屋及建筑物	第四厂房	栋	1	102000.00	102000.00	4%	20	0.40%	2016.12	28968.00
	机器设备	E机器	台	3	55000.00	165000.00	4%	10	0.80%	2018.11	63360.00
	小　计					267000.00					92328.00
管理部门	房屋及建筑物	办公楼	栋	1	2000000.00	2000000.00	4%	20	0.40%	2016.12	568000.00
	机器设备	F机器	台	3	13000.00	39000.00	4%	10	0.80%	2018.7	16036.00
	生产用工具	F工具	组	50	4226.00	211300.00	4%	5	1.60%	2020.6	102342.40
	运输工具	汽车	台	5	122540.00	612700.00	4%	4	2.00%	2020.1	421520.00
	电子设备	其他		120		442500.00	4%	3	2.67%	2020.11	300005.24
	小　计					3305500.00					1407903.64
合计	合计					12211500.00					4157023.64

(七)车间产品定额工时表

车间产品定额工时如表 3—7 所示。

表 3—7　车间产品定额工时表　单位:工时

生产车间	产品名称	定额工时
铸造车间	数控机床	3500
	普通机床	1500
	小　计	5000
锻造车间	数控机床	5800
	普通机床	1200
	小　计	7000
装配车间	数控机床	4500
	普通机床	3000
	小　计	7500

(八)2022 年 12 月份产量记录表

2022 年 12 月产量情况如表 3—8 所示。

表 3—8　2022 年 12 月产量记录表

产品	生产车间(生产步骤)	期初数量(台)	本期投入(台)	本期完工(台)	月末在产(台)	各工序完工率	投料率
数控机床	铸造车间	10	30	30	10	0.13	0.2
	锻造车间	15	30	40	5	0.46	0.35
	装配车间	12	40	50	2	0.84	1
普通机床	铸造车间	10	15	20	5	0.13	0.18
	锻造车间	5	20	15	10	0.37	0.45
	装配车间	10	15	20	5	0.74	1

(九)资产负债表年初余额表

资产负债表年初余额如表 3—9 所示。

表 3—9　2022 年 1 月 1 日资产负债表年初余额表　单位:元

总分类账户	借方余额	贷方余额
一、资产类		
库存现金	5000.00	
银行存款	2400000.00	
其他货币资金	500000.00	
应收票据	800000.00	
应收账款	819000.00	

续表

总分类账户	借方余额	贷方余额
其他应收款	9000.00	
坏账准备		40950.00
预付账款	71200.00	
材料采购	800000.00	
原材料	2000000.00	
周转材料	205000.00	
材料成本差异	11600.00	
库存商品	22630000.00	
长期股权投资	200000.00	
固定资产	11055000.00	
累计折旧		810500.00
在建工程	2400000.00	
无形资产	600000.00	
累计摊销		180000.00
二、负债类		
短期借款		1000000.00
应付票据		117000.00
应付账款		1356000.00
应付利息		540000.00
应交税费		582000.00
长期借款		10000000.00
三、所有者权益类账户		
实收资本		30000000.00
资本公积		810560.00
盈余公积		5290020.00
利润分配		3106000.00
四、成本费用类		
生产成本	9327230.00	

（十）损益类账户累计发生额

损益类账户累计发生额如表 3—10 所示。

表 3—10

损益类账户累计发生额

2022 年 1 月—11 月

单位:元

项　目	行次	累计发生额
一、营业收入	1	506410000.00
减:营业成本	2	309700000.00
税金及附加	3	24802300.00
销售费用	4	7911000.00
管理费用	5	12849000.00
研发费用	6	0.00
财务费用	7	415900.00
加:其他收益	8	0.00
投资收益(损失以"—"号填列)	9	610523.00
其中:对联营企业和合营企业的投资收益	10	0.00
公允价值变动收益(损失以"—"号填列)	11	—200850.00
信用减值损失(损失以"—"号填列)	12	—458200.00
资产减值损失(损失以"—"号填列)	13	—730000.00
资产处置损益(损失以"—"号填列)	14	0.00
二、营业利润(亏损以"—"号填列)	15	149953273.00
加:营业外收入	16	263440.00
减:营业外支出	17	538230.00
其中:非流动资产处置损失	18	147390.00
三、利润总额(亏损总额以"—"号填列)	19	149678483.00
减:所得税费用	20	50435200.00
四、净利润(净亏损以"—"号填列)	21	99243283.00

【思政元素】

本章开始进入动手实践环节,注意教学过程中要严格要求学生,以培养学生的"工匠精神"。工匠有着悠久的历史,是中国人几千年日常生活中一刻也不能离开的职业。工匠精神也有着悠久的历史,在中国的文化观念中,自古就有着对"匠心"的追捧,常常用"匠心"来形容做事的高妙境界。

工匠精神源远流长,盛于魏晋时期的"百炼钢"之术,其制作过程需工匠把精铁加热锻打一百多次,一锻一称,直到斤两不减,如此千锤百炼,最终锻出高纯度的器具。这一丝不苟的工序,精湛的技术,专注的追求,精益求精的精神,正是我们今天所倡导的"工匠精神"。在改革开放的历史征程中,中国社会涌现出了大批专业专注的现代化工匠。是他们,开创了无数中国制造的奇迹。习近平总书记高度重视工匠精神的传承弘扬,他将工匠精神概括为"执着专注、精益求精、一丝不苟、追求卓越”。这十六个字高度凝练了中国工匠的精神内核。习近平总书记在二十大报告中也强调，要加快建设国家战略人才力量，努力培养造就更多大师、战略科学家、一流科技领军人才和创新团队、青年科技人才、卓越工程师、大国工匠、高技能人才。通过结合本次实训的实验环节，培养学生严谨求实的工作作风。

案例：杨纪琬是中国注册会计师协会首任会长。中国官方发表的《杨纪琬同志生平》中称他为“新中国会计界公认的一代名师”，为中国会计制度和会计准则的建设，会计理论、会计教育和注册会计师事业的发展，贡献毕生精力，做出了巨大而杰出的贡献。他始终坚持理论联系实际，在他的学术报告、学术论文中，言谈举止、字里行间强劲地显示出实践的足迹。他不唯上，不唯书，勤于思考，勇于坚持，敢于放弃，充分体现了“知不足”“知困”“知难”“业精于勤”“自强不息”的精神。杨纪琬教授一生紧紧追随着中国会计事业，对于中国会计制度和会计理论建设做出了卓越的贡献。杨纪琬教授创建的会计理论，他的治学精神，他为中国会计事业所做出的不朽业绩将永留史册。

第四章 模拟企业经济业务及会计凭证的填制

一、模拟企业经济业务

模拟企业在当前会计期间，即 2022 年 12 月发生了各类各项日常经济业务和期末结账业务，具体业务内容如表 4－1 所示。(经济业务所涉及的原始凭证见本书附录，请在完成记账凭证后，把原始凭证从书中裁下来，附在对应的记账凭证之后)

表 4－1　　模拟企业 2022 年 12 月经济业务内容表

序号	经济业务内容
1	2022 年 12 月 1 日，销售普通机床，货款通过银行收讫。
2	2022 年 12 月 1 日，现金购买办公用品。
3	2022 年 12 月 2 日，申请银行汇票用于购煤，并支付申请汇票的手续费。
4	2022 年 12 月 3 日，捐款给红领巾小学。
5	2022 年 12 月 3 日，归还前欠上海钢铁物资有限公司货款，并支付汇款手续费。
6	2022 年 12 月 3 日，销售数控机床，货款上月预收，退还多收款项，并支付汇款手续费。
7	2022 年 12 月 4 日，销售数控机床，款项未收，支付运费及电汇手续费。
8	2022 年 12 月 4 日，向长江钢铁集团有限公司购买钢，长江钢铁集团已代垫运费，款项上月已预付。
9	2022 年 12 月 5 日，收到短期借款。
10	2022 年 12 月 5 日，缴纳上月税费。
11	2022 年 12 月 5 日，处置钻床，支付清理费用，收取款项。
12	2022 年 12 月 6 日，支付广告费。
13	2022 年 12 月 6 日，购买轴承，山西鸿运已代垫运费，用上月办理好的银行汇票结算。(材料未入库)
14	2022 年 12 月 6 日，处置闲置磨齿机。
15	2022 年 12 月 7 日，上月从山西鸿运轴承销售有限公司购入的轴承，款未付。由于型号不对，与对方协商退货，收到负数发票。(该轴承未办理入库手续)

续表

序号	经济业务内容
16	2022 年 12 月 7 日，公司将闲置的仓库出租给北京市机床经销有限公司，收到本月租金。
17	2022 年 12 月 7 日，采购员刘海报销差旅费。
18	2022 年 12 月 8 日，收到 6 日购买轴承的银行汇票多余款项。
19	2022 年 12 月 8 日，向河南安阳物资公司买煤，河南安阳公司已代垫运费，款项用本月 2 日办理的银行汇票支付。
20	2022 年 12 月 8 日，用月初的外埠存款向上海黄河钢铁公司购买钢，上海黄河钢铁已代垫运费，剩余款退回。
21	2022 年 12 月 8 日，收到 8 日购买煤的银行汇票多余款项 1001 元。
22	2022 年 12 月 9 日，收到山西机电制造有限公司尚欠货款。
23	2022 年 12 月 9 日，铸造车间领用材料。
24	2022 年 12 月 9 日，锻造车间领用材料。
25	2022 年 12 月 9 日，装配车间领用材料。
26	2022 年 12 月 9 日，辅助生产车间领用材料。
27	2022 年 12 月 10 日，向宏达集团购买钢，款项未付。
28	2022 年 12 月 10 日，向银行申请办理银行承兑汇票保证金业务。
29	2022 年 12 月 10 日，购买劳保鞋和耐热手套。
30	2022 年 12 月 11 日，购买润滑油，作为存货核算。
31	2022 年 12 月 11 日，购买包装箱。
32	2022 年 12 月 12 日，将持有的天鸿机电公司开具的一张银行承兑汇票向银行申请贴现。
33	2022 年 12 月 12 日，收到本月 4 日办理托收承付的货款。
34	2022 年 12 月 13 日，应收苏州市花杨贸易有限公司一笔货款，经确认无法收回，作坏账处理。
35	2022 年 12 月 13 日，转账支付公共责任险财产保险费。
36	2022 年 12 月 14 日，银行转账支付图书费。
37	2022 年 12 月 15 日，发放工资，并结转代扣个税和个人承担的社保费、住房公积金。
38	2022 年 12 月 15 日，缴纳社会保险费。
39	2022 年 12 月 15 日，缴纳工会经费。
40	2022 年 12 月 15 日，缴纳住房公积金。
41	2022 年 12 月 16 日，为交易目的购入股票。
42	2022 年 12 月 16 日，铸造车间锅炉改造工程完工，一次性支付剩余款项。
43	2022 年 12 月 16 日，铸造车间锅炉改造完工交付使用。
44	2022 年 12 月 18 日，向红方汽车有限公司购买一辆货车，通过银行转账车款和购置税。
45	2022 年 12 月 18 日，为购入的卡车购买财产保险费并缴纳车船税。
46	2022 年 12 月 18 日，收员工因违章操作的罚款。

续表

序号	经济业务内容
47	2022 年 12 月 20 日，转账支付向山西机电制造有限公司销售商品的代垫运费款。
48	2022 年 12 月 20 日，向山西机电制造有限公司销售数控机床，对方以银行承兑汇票支付款项和代垫的运费。
49	2022 年 12 月 20 日，铸造车间领用劳保用品。
50	2022 年 12 月 20 日，锻造车间领用劳保用品和勾扳手。
51	2022 年 12 月 20 日，装配车间领用劳保鞋、法兰盘和螺钉。
52	2022 年 12 月 20 日，辅助车间领用劳保用品和专用工具。
53	2022 年 12 月 20 日，管理人员领用工作服，计入办公费。
54	2022 年 12 月 21 日，支付短期借款利息。
55	2022 年 12 月 21 日，支付本季度的长期借款利息。
56	2022 年 12 月 21 日，收利息收入。
57	2022 年 12 月 22 日，提现备用。
58	2022 年 12 月 22 日，李强预借现金。
59	2022 年 12 月 22 日，公司申请到了商品的名称商标，并支付相关费用。
60	2022 年 12 月 22 日，收到北京市机床经销有限公司前欠货款。
61	2022 年 12 月 23 日，管理部门报销业务招待费，余款收回。
62	2022 年 12 月 23 日，支付本月电话费，计入办公费。
63	2022 年 12 月 24 日，铸造车间领用材料。
64	2022 年 12 月 24 日，锻造车间领用材料。
65	2022 年 12 月 24 日，装配车间领用材料。
66	2022 年 12 月 24 日，辅助车间领用材料。
67	2022 年 12 月 24 日，向北京顺大集团有限公司销售普通机床，款已收。
68	2022 年 12 月 24 日，确认随产品销售不单独计价的包装物成本。
69	2022 年 12 月 25 日，销售作为材料的钢 3 吨，款已收到。
70	2022 年 12 月 25 日，确认销售的钢成本。
71	2022 年 12 月 25 日，辅助车间领用材料。
72	2022 年 12 月 25 日，支付修理费。
73	2022 年 12 月 25 日，支付财务人员培训费(暂不考虑相关的成本费用分配)。
74	2022 年 12 月 25 日，购买预备元旦发放的福利(暂不考虑相关的成本费用分配)。
75	2022 年 12 月 25 日，将期初持有的渤海股份股票 3500 股出售。(结合期初数据)
76	2022 年 12 月 28 日，支付建造厂房工程款。
77	2022 年 12 月 31 日，支付并分摊电费。
78	2022 年 12 月 31 日，支付并分摊水费。

续表

序号	经济业务内容
79	2022年12月31日,计提本月固定资产及投资性房地产折旧。
80	2022年12月31日,无形资产摊销。
81	2022年12月31日,原材料验收入库。
82	2022年12月31日,各类存货验收入库。
83	2022年12月31日,计提工资、社会保险费、非货币性福利、工会经费和职工教育经费。
84	2022年12月31日,结转发出材料成本差异。
85	2022年12月31日,按直接分配法结转辅助车间的生产费用。
86	2022年12月31日,按定额工时结转各车间的制造费用。
87	2022年12月31日,结转完工产品成本。(结合产量记录表)
88	2022年12月31日,结转销售成本。
89	2022年12月31日,归还短期借款,支付利息。
90	2022年12月31日,计提借款利息。
91	2022年12月31日,月末盘点,包装箱盘亏。
92	2022年12月31日,经查实确认,盘亏的包装箱属于管理不善造成,经批准予以处理。
93	2022年12月31日,计提无形资产减值准备,计提坏账准备。
94	2022年12月31日,交易性金融资产公允价值变动。
95	2022年12月31日,结转本月未交增值税。
96	2022年12月31日,计提本月车船税、房产税、土地使用税。
97	2022年12月31日,计提城建税、教育费附加、地方教育附加、印花税。
98	2022年12月31日,结转收益类账户,结转成本费用类账户。
99	2022年12月31日,计提所得税,并结转所得税费用。(所得税率25%,假设无任何纳税调整项目)
100	2022年12月31日,结转本年利润。
101	2022年12月31日,分配年度税后利润。
102	2022年12月31日,结转利润分配明细科目。

二、会计凭证的填制

(一)原始凭证

原始凭证又称单据,是在经济业务发生或完成时取得或填制的,用以记录或证明经济业务的发生或完成情况的文字凭据。经济业务的内容是多种多样的,记录这些业务的原始凭证的名称、内容和格式也是各不相同。

1. 原始凭证的类别

按照原始凭证的取得途径,可以分为外来原始凭证和自制原始凭证。

外来原始凭证指由外部单位或个人提供的相关单据,如采购业务的增值税发票、火车票、银行对账单等,大多数情况下,外来原始凭证的内容齐全,不需填写。

自制原始凭证指由本单位的经办人员，在执行或完成某项交易或事项时所填制的原始凭证，如费用报销单、借款费用计提表、产品成本计算单等。

2．自制原始凭证的填制

本次模拟实训中涉及自制原始凭证的，大多为当前会计期间的月末结转原始凭证。一般在填写期末自制原始凭证之前，必须保证前面根据日常经济业务所填制的记账凭证，均已完成日记账和明细分类账的记账工作，并结算出科目余额。因为期末结转业务往往会需要使用到相应科目的明细分类账中的发生额或余额。

在填制自制原始凭证时，应当注意制表时间、填制人和经办人的签名和日期，实训者需自己计算填列完成并在“填制人”和“制表时间”处签字。

3．原始凭证的审核

会计人员必须审核原始凭证的真实性、完整性，申请人、审批人的签字手续必须齐全且符合公司的规章制度，保护公司利益不受侵害，维护会计信息的真实性。

由实训者填制完成的自制原始凭证，需要稽核人员审核，稽核人员和填制人员不能是同一人。只有经过审核的原始凭证才能进行会计处理，审核的内容包括真实性、合法性、合理性、完整性、正确性、及时性。本模拟实训中稽核人员主要是对自制凭证的完整性和正确性进行审核，即审核原始凭证上的各项基本要素是否齐全以及内容的填写是否规范和正确。无论是自制原始凭证还是外来原始凭证，必须包括一些基本要素，如原始凭证名称、填制原始凭证的日期、接受原始凭证的单位名称、经济业务内容（含数量、单价、金额等）、填制单位或个人的签章等。稽核无误的原始凭证，由稽核人员在“审核人”处签字。

（二）记账凭证

记账凭证是又称记账凭单，是会计分录的载体，是用来登记账簿的凭证。审核通过的原始凭证，据以进行记账凭证的填制。记账凭证也是后面进行登记账簿的直接依据。

1．记账凭证的填制

记账凭证可以根据经济业务的原始凭证直接编制，也可以根据同类业务的汇总表编制，如材料发出汇总表等。

（1）记账凭证的类型

本模拟企业采用通用记账凭证，凭证分类为收款凭证、付款凭证和转账凭证三种类型。通用记账凭证如图 4—1 所示。

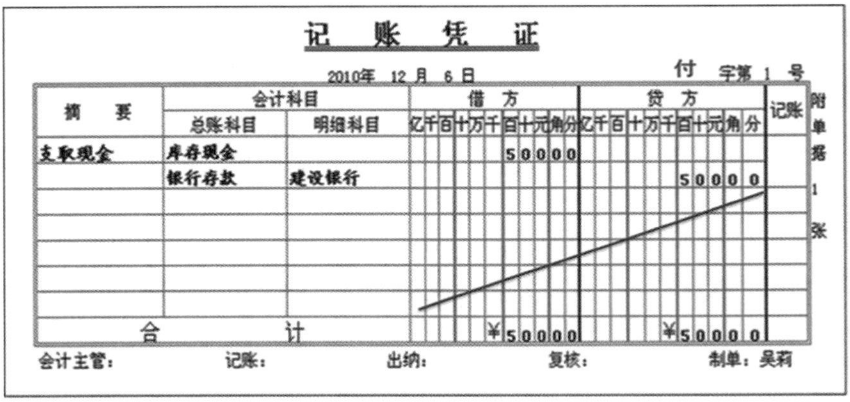

记　账　凭　证

2010年　12 月　6 日　　　　付　字第 1 号

摘　要	会计科目 总账科目	会计科目 明细科目	借方（亿千百十万千百十元角分）	贷方（亿千百十万千百十元角分）	记账
支取现金	库存现金		50000		
	银行存款	建设银行		50000	
合　计			¥50000	¥50000	

附单据 1 张

会计主管：　记账：　出纳：　复核：　制单：吴莉

图 4—1　通用记账凭证示例

在进行模拟企业的日常业务处理过程中，只有先解决经济业务的账务处理，才能够选择出正确的凭证类型。区分收款凭证、付款凭证和转账凭证的关键，是看账务处理结果的会计分录中，是否涉及“库存现金”“银行存款”会计科目。

当会计分录的借方出现“库存现金”“银行存款”会计科目，则为收款凭证；当会计分录的贷方出现“库存现金”“银行存款”会计科目，则为付款凭证；当会计分录的借方和贷方都没有出现“库存现金”“银行存款”会计科目，则为转账凭证；当会计分录的借方和贷方都有出现“库存现金”“银行存款”会计科目，则为付款凭证。

凭证的编号按照凭证的三种类型，分别进行三类编号，如收字第 1 号、第 2 号、第 3 号……付字第 1 号、第 2 号、第 3 号……转字第 1 号、第 2 号、第 3 号……

(2)记账凭证的填制

填制记账凭证时，应当按记账凭证上的各项要素，从上往下，从左往右，依次把原始凭证中的相关内容填入。不应当出现填漏、填错等情况。一份记账凭证上只能填制一笔分录。

首先是凭证的制单日期的填写，应当具体写出年月日的信息。在模拟实训时可以填写经济业务所对应的原始凭证上的时间。

第二，在凭证右上角“字号”处，写上凭证类型和编号。凭证类型填“收”“付”“转”三者之一。凭证编号填写要注意，按不同类型凭证进行编号均应当连续编号，不能断号、跳号，一个整数编号对应一笔会计分录。当一笔会计分录在一张记账凭证上写不下，需要使用多张会计凭证，即同一号记账凭证需要使用多页凭证，凭证编号应当在整数编号后面加上分数编号，如分数编号 $1/n, 2/n, \cdots\cdots, n/n$。例如，有一笔分录是当期转账凭证第 5 号，需要两张空白凭证才能填写完，则第一张和第二张记账凭证上的凭证编号分别为：转字第 $5\frac{1}{2}$ 号、转字第 $5\frac{2}{2}$ 号；若需要三张空白凭证，则为：转字第 $5\frac{1}{3}$ 号、转字第 $5\frac{2}{3}$ 号、转字第 $5\frac{3}{3}$ 号，依此类推。

第三，表体内容填写时注意，摘要简洁明了。填制会计分录时，先写借方科目，再写贷方科目。总账科目列填入一级科目名称，明细科目列填入二级科目名称、三级科目名称……直至末级科目名称，每一层级科目名称必须完整地填写出来。空白行要画斜线。合计行填入该笔分录的借方和贷方的发生额合计金额，并且前面要加上人民币符号“¥”。

第四，记账凭证最右侧，填入本笔分录所附原始凭证的单据张数。填入的数字，必须和粘贴在记账凭证后面的原始凭证数量一致。

第五，模拟实训者把自己的姓名签在制单人的位置，以示该记账凭证的填写人身份。

2. 记账凭证的审核

在正确填制完记账凭证后，应当对记账凭证进行审核，以保证后续登记账簿的准确性。审核通过的记账凭证，模拟实训者把自己的姓名签在复核人(审核人)的位置，以示身份。记账凭证主要从完整性、真实性、正确性和规范性展开审核。

审核内容主要包括审核记账凭证的内容是否填写完整，如日期、凭证编号、摘要、会计科目、金额、所附原始凭证张数及经办人员签章等；审核所附原始凭证是否真实、合法，毕竟原始凭证是记账凭证的凭据；审核所填会计科目与金额是否正确，是否与原始凭证所反映的经济内容相符，记账凭证汇总计算的金额是否与原始凭证相符；审核记账凭证的书写是否规范，应当文字工整、数字清晰，使用蓝黑或碳素墨水。

审核中若发现记账凭证存在错误，应查明原因并及时采用正确的方法更正。只有经过审核无误后的记账凭证才能进入下一个实训环节，即依据已审核的记账凭证去登记会计账簿。

【思政元素】

在本章实训过程中，应当侧重培养学生的团队意识，增强团队合作的理念，鼓励学生学会正确的分工与协作，增强团队精神。通过树立典型和榜样，让学生通过实践，从内心理解团队精神的内涵，真正明白在团队中做人做事的道理。结合优秀团队的实例感染学生，激发学生的团队精神和爱国热情。新中国成立以来，我国能够创造经济快速发展奇迹和社会长期稳定奇迹，形成举世瞩目的“中国之治”，一个重要原因就是充分发挥集中力量办大事的显著优势。新时代，我们要创造新的更大的奇迹，必须进一步发挥集中力量办大事的显著优势。党的二十大报告中特别强调，要巩固和发展最广泛的爱国统一战线。人心是最大的政治，统一战线是凝聚人心、汇聚力量的强大法宝。完善大统战工作格局，坚持大团结大联合，动员全体中华儿女围绕实现中华民族伟大复兴中国梦一起来想、一起来干。

同时，在学生处理日常经济业务的过程中，培养学生发散性思维，培养创新意识与创新能力。学生要学的知识不仅仅是一种结论，而且是一种过程。教学中注意引导学生从多角度观察、发现、分析、解决问题。要允许学生质疑。学生的思维活动是从“疑”开始，靠“疑”推进的。古人云：“学先有疑，小疑则小进，大疑则大进。”质疑的过程就是从多角度、多层次思考、探索、发现问题的发散思维过程。让学生通过实践运用所学专业的知识，去创新性地解决企业财务会计工作中的实际问题。

案例 1：在新冠肺炎疫情面前，在难忘的数月时间里，武汉人、湖北人、14 亿中国人团结如一人，不畏艰险、众志成城，坚决打赢疫情防控的人民战争。从重症监护室到病毒实验室，从社区街道到线上网络，中华儿女以实际行动诠释着敬佑生命的人间大爱。英勇奋斗、慎终如始，始终把人民生命安全和身体健康摆在第一位。在以习近平同志为核心的党中央坚强领导下，曾无数次从灾难中崛起的中国人民和衷共济、迎难而上，谱写下了一首惊天动地的历史壮歌。以人民智慧对抗空前巨灾，以人民伟力诠释中国力量。

案例 2：谢军，北斗三号导航卫星首席总设计师。2020 年 6 月，北斗三号全球卫星导航系统的最后一颗卫星发射成功，这代表着北斗全球卫星导航系统星座部署全面完成。2004 年，谢军担任北斗二号导航卫星总设计师。在北斗三号卫星研制过程中，谢军团队创造性地实现了卫星批量化生产，仅用 1 年零 14 天的时间，将 19 颗导航卫星送入太空，创造了航天发射史的新纪录。

第五章　模拟企业会计账簿的登记

会计账簿的登记，又叫记账，是指把经济业务从记账凭证登记到会计账簿的过程。正确地进行会计账簿登记，是科学地记录和反映经济活动内容的保证，是为后续正确地编制财务报表做准备。已经审核的记账凭证，反映的是企业发生的各种各样零碎的经济业务，只有把记账凭证登记到会计账簿上，才能够完整、系统、全面地体现出各项会计账户由经济业务引起的增减变动情况。因此，应当及时或定期将记账凭证的内容登记到相关会计账簿内。

一、登记账簿的规则

登记会计账簿时，必须将记账凭证中每一行明细科目的发生额，登记到相应的会计账户里。记账方法应根据账簿种类不同而采取不同的方法，如日记账必须按照经济业务发生的时间先后顺序逐日逐笔登记，明细账必须按照经济业务发生的时间先后顺序逐笔登记，总分类账可以通过编制科目汇总表的方式，先汇总后登记，等等。

(一)登记账簿的时间

各种账簿应当每隔多长时间登记一次，没有统一规定。一般的原则：总分类账要按照单位所采用的会计核算形式及时登账，本模拟企业要求每旬登记一次总账；各种明细分类账，要根据原始凭证、原始凭证汇总表和记账凭证每天进行登记，也可以定期(三天或五天)登记。但是现金日记账和银行存款日记账，应当根据办理完毕的收付款凭证，于当日随时逐笔按序时顺序进行登记，至少每天登记一次。

(二)登记账簿的要求

登记账簿时，要用蓝黑墨水或者碳素墨水书写，不得用圆珠笔(银行的复写账簿除外)或者铅笔书写；应当将会计凭证日期、编号、业务内容摘要、金额和其他有关资料逐项记入账内；每登记完一个明细科目的会计账簿，应当及时在记账凭证上该明细科目发生额所对应的“记账”栏里打“√”(已经登账的符号)，以示已经登记入账，防止漏记、重记和错记情况的发生。每一张记账凭证上的每行发生额后“记账”栏的登账符号都标记完毕，记账人员要在记账人处签名或者盖章。已记账的记账凭证如图 5—1 所示。

记　账　凭　证

2010年12月12日　　　　转 字第 1 号

摘　要	会计科目		借　方	贷　方	记账	附单据3张
	总账科目	明细科目	百十万千百十元角分	百十万千百十元角分		
华龙欠货款	应收账款	华龙公司	1170000		√	
	主营业务收入	A产品		1000000	√	
	应交税费	应交增值税（销）		170000	√	
合　计			¥1170000	¥1170000		

会计主管：　记账：张珊　出纳：　审核：李三　制单：王兰

图 5—1　已记账的记账凭证示例

记账凭证上，“出纳”和“会计主管”可以不用签字。“出纳”和“会计主管”如果签字，应在记账前审核凭证并签字。“出纳”签名应当只在出纳凭证上出现，即收款凭证和付款凭证。

在记账过程中，如果记账凭证的明细科目涉及之前建账时未建立的明细科目账户，则在空白账页上先开设明细分类账户。一般是没有期初余额的明细科目，所以可以直接从该账页的第一行开始登记。

（三）错账更正方法

在登记账簿的过程中，如果发现账簿登记有错，可采用划线更正法、红字更正法和补充登记法。

划线更正法是对在结账前发现账簿记录有文字或数字错误，用红笔在错误的文字或数字上划一条红线，然后在红线的上方用蓝黑或碳素钢笔重新把正确的内容填上，并由记账人员在更正处盖章以表示责任。

红字更正法是在记账后，发现凭证所记会计科目有错误，如把“管理费用”记错入“销售费用”中。红字更正法是先用红笔填写一张与原记账内容完全一样的记账凭证，以示注销原记账凭证，然后再用蓝黑或碳素钢笔写一张正确的记账凭证，并据以记账。若会计科目无误，只是所记金额大于应记金额，则直接将多记的金额用红笔填制一张与原凭证的会计科目完全相同的凭证，以示冲销。

补充登记法是在记账后发现错误，会计科目无误而所记金额小于应记金额。具体操作是，直接编制一张与原凭证的会计科目完全相同的凭证，将少记的金额用蓝黑或碳素钢笔填写，并据以记账。

记账过程中出现书写错误时，应严格规范使用上述三种方法进行错账改正，不得任意涂改、刮、擦、挖、补。

（四）其他规则

各种账簿要按账页顺序连续登记，不得跳行、隔页。如发生跳行、隔页，应将空行、空页划线注销，或注明“此行空白”或“此页空白”字样，并由记账人员签名或盖章。如图 5—2、图 5—3 所示。

明细分类账

第 1 页
连续第 页

科目编号 A/C NO. 112201　明细科目 SUB.LED.A/C 武汉光谷公司　总账科目 GEN.LED.A/C 应收账款

2009年 月	日	凭证字号	摘要	借方	√	贷方	√	借或贷	余额
12	1		期初余额					借	23400000
			此行空白		刘芳				
	2	收1	货款收回			464000		借	22936000

图 5—2　账页空行处理示例

明细分类账

第 2 页
连续第 页

科目编号 A/C NO. 112201　明细科目 SUB.LED.A/C 安信公司　总账科目 GEN.LED.A/C 应收账款

年 月	日	凭证字号	摘要	借方	√	贷方	√	借或贷	余额
			刘芳						
			此页空白						

图 5—3　账页空白页处理示例

凡需结出余额的账户，应当定期结出余额。现金日记账和银行存款日记账必须每天结出余额。结出余额后，应在“借或贷”栏内写明“借”或“贷”的字样。没有余额的账户，应在该栏内写“平”字并在余额栏“元”位上用“0”表示。

每登记满一张账页结转下页时，应当结出本页合计数（本月累计发生额）和余额，写在本页最后一行和下页第一行有关栏内，并在本页的摘要栏内注明“过次页”字样，在次页的摘要栏内注明“承前页”。如图 5—4 所示。

第　4 页
连续第　　页

月	日	凭证字号	摘要	借方	贷方	借或贷	余额
12	11	记12134	销售产品	6800000		借	216750000
	12	记12156	收前欠账款		570000	借	216180000
	13	记12167	收前欠账款		1025000	借	215155000
	14	记12214	销售产品	4520000		借	219675000
	20	记12223	收前欠账款		122000000	借	97675000
			过次页	208967000	216780000	借	97675000

第　5 页
连续第　　页

×年 月	日	凭证字号 VOU.NO.	摘　要 DESCRIPTION	借方 DEBIT（千百十万千百十元角分）	贷方 CREDIT（千百十万千百十元角分）	借或贷	余额 BALANCE（千百十万千百十元角分）
12	21		承前页	208967000	216780000	借	97675000
	21	记12251	销售产品	8650000		借	106325000

图 5—4　账页跨页处理示例

二、日记账的登记

日记账是指现金日记账和银行存款日记账。

(一)现金日记账

登记现金日记账时要注意每登记一笔业务时,要计算出余额,并且要求每天与库存现金实存数进行核对,以检查是否出错,即所谓"日清日结"。

现金日记账如图 5—5 所示,其登记方法如下:

(1)日期栏:即记账的日期,应与现金实际收付日期一致。

(2)凭证及编号栏:即登记入账的收付凭证的种类和编号,例如,"收字第 1 号",以便于查账和核对。

(3)摘要栏:即记账凭证中的摘要内容。

(4)对方科目栏:现金收入的来源科目或者支出的用途,即收款凭证中的贷方科目或付款凭证中的借方科目。

(5)借、贷额栏:根据业务的性质和数量记入贷方或是借方。

(6)余额栏:余额=期初余额+本期增加数(借方发生额)－本期减少数(贷方发生额),把计算所得数据填在对应的发生额的同一行的余额栏里,若有方向栏,写上方向"借"或"贷"。

(二)银行存款日记账

银行存款日记账登记时,按开设的不同银行账户、按发生时间逐笔登记,同时注意记录涉及的相关票据编号。每月的月底,银行存款日记账应当与开户银行的对账单进行核对,如两者不一致,则应当通过编制银行存款余额调节表,查明原因。银行存款日记账需要按日结账。具体登记方法参考现金日记账的登记方法,示例如图 5—6 所示。

现金日记账 第 1 页

2011年 月	日	凭证字号	摘要	对方科目	借方	贷方	余额	√
12	1		期初余额				1000000	
12	2	4	提现	银行存款	300000		1300000	
	2	4	报销办公费	管理费用		600000	700000	
	2	7	借支	其他应收款		200000	500000	
	2		本日合计		300000	800000	500000	

图 5—5 现金日记账示例

银行存款日记账

户名：中国银行湖北支行　　账　号 818456835493257

2011年 月	日	凭证字号	银行凭证	摘要	对方科目	借方	贷方	借或贷	余额	√
12	1			期初余额				借	8204381500	
12	1	记1	转支9935	支付材料款	在途物资		23400000	借	8180981500	
	1			本日合计			23400000	借	8180981500	

图 5—6 银行存款日记账示例

三、明细账的登记

明细账的账页格式一般有三栏式、多栏式、数量金额式。

（一）三栏式明细账

三栏式明细账的记账方法与现金日记账相似，只是不用“本日合计”（日结）。如图 5—7 所示。

（二）数量金额式明细账

数量金额式明细账在根据存货入库或领用的记账凭证登记时，每一笔都应在对应的“借方”或“贷方”登记数量、单价和金额，并在余额栏结出数量、单价和金额。如图 5—8 所示。

（三）多栏式明细账

多栏式明细账里包含多个明细核算项目，登记时需要按照各个明细核算项目分别登记。

1. 普通多栏式明细账的记账

大多数多栏式明细账的设置与登记方法是相同的，如基本生产成本明细账、辅助生产成本明细账、制造费用明细账、管理费用明细账、财务费用明细账等等。

明 细 分 类 账　　总分类科目 应收账款
明细分类科目华龙公司

2010年 月	日	凭证字号	摘要	借方（亿千百十万千百十元角分）	✓	贷方（亿千百十万千百十元角分）	✓	借或贷	余额（亿千百十万千百十元角分）
12	1		期初余额					借	2000000
12	12	转44	向华龙公司赊销	1170000				借	3170000
	25	收80	收款			3170000		平	000

图 5—7　三栏式明细账示例

库存商品 明细账

存货仓名：产成品库　　规格：A　　单位：台

2010年 月	日	记账凭证号数	摘要	借方 数量	借方 单价	借方 金额（百十万千百十元角分）	贷方 数量	贷方 单价	贷方 金额（百十万千百十元角分）	余额 数量	余额 单价	余额 金额（百十万千百十元角分）
12	1		期初余额							100	200	2000000
	12	1	销售				50	200	1000000	50	200	1000000

图 5—8　数量金额式明细账示例

在登记多栏式明细账时，平时发生额用黑字来登记金额，当出现反方向发生额，如月末结转业务时，则用红字来登记金额。以财务费用明细账为例，平时发生手续费或利息支出时均为借方发生额，可直接用黑字在对应费用项目下登记即可；当发生利息收入或月末结转业务处理时，出现反方向（贷方）发生额，则需要在相对应的费用项目中用红字来登记金额。如图 5—9 所示。

制造费用——铸造车间 明细账

2010年 月	日	凭证 字	号	摘要	方向	余额（万千百十元角分）	借方 折旧（千百十元角分）	借方 机物料消耗（万千百十元角分）	借方 职工薪酬（万千百十元角分）	借方 办公费（万千百十元角分）
1	1	记	3	机物料消耗	借	50000		50000		
	6	记	30	报销办公费	借	80000				30000
	10	记	67	预提薪酬	借	380000			300000	
	18	记	75	机物料消耗	借	420000		40000		
	31	记	90	计提折旧	借	510000	90000			

图 5—9　普通多栏式明细账示例

2. 特殊格式的多栏式明细账的记账

“应交税费——应交增值税”明细账和上述普通多栏式账页格式不同，其有自己专用的账页格式。如图 5－10 所示。

应交税费（应交增值税）明细账

2011年 月	日	凭证字号	摘要	借方 合计	借方 进项税额	借方 已交税金	贷方 合计	贷方 销项税额	贷方 进项税额转出	借或贷	余额
12	1		期初余额							借	105098
12	1	付1	购原材料	3400000	340000					借	3505098
12	10	收2	销售产品				1700000	17000000		贷	13400002
12	16	付12	交纳税金	205098	100000	105098				贷	13100004

图 5－10　应交增值税多栏式明细账示例

四、总分类账的登记

登记总分类账簿，要先编制科目汇总表，再按照科目汇总表上的每个总分类科目的借方和贷方的发生额汇总金额，逐个登记到对应的总分类账户。

(一)编制科目汇总表

本模拟企业要求按旬编制科目汇总表。上旬对应制单时间为 1 日到 10 日的记账凭证，中旬对应制单时间为 11 日到 20 日的记账凭证，下旬对应制单时间为 21 日到 31 日的记账凭证。分旬根据记账凭证的顺序，把每笔分录中涉及的总账科目分别编制 T 形账户，并在各个 T 形账户中逐笔登记发生额。开设 T 形账户时只需要按照总分类科目开设即可，不要细分到明细科目。编制科目汇总表时，禁止使用明细分类账中的发生额来汇总科目汇总表中的金额。然后根据 T 形账户统计出在该段期间内，每个总账科目的借方发生合计金额和贷方发生合计金额。最后，把统计出的发生额登记到科目汇总表中。如图 5－11 所示。

科目汇总表　　科汇字第　01　号

单位：元

记第1号至2号　自2022年12月1日至2022年12月10日　科汇第1凭证

会计科目	借方金额	√	贷方金额	√
原材料	270000000		225000000	
材料采购			261000000	
材料成本差异			9000000	
生产成本	225000000			
合计	¥495000000		¥495000000	

财务主管：　　记账：　　复核：　　制单：

图 5－11　科目汇总表示例

（二）登记总账

根据编制完成的科目汇总表，去登记总分类账。按照科目汇总表上罗列的总账账户的顺序，分别把其相应的汇总借方发生额和汇总贷方发生额，登记到总分类账的账户上，应当填写记账日期（每旬最后一天）、摘要、借方发生额、贷方发生额和余额。如图 5—12 所示。

总分类账　　　　第 1 页

GENERAL LEDGER

会计科目及编号 ACCOUNT NO.　原材料

2011年 月	日	凭证字号	摘要	借方（亿千百十万千百十元角分）	✓	贷方（亿千百十万千百十元角分）	✓	借或贷	余额（亿千百十万千百十元角分）
12	1		期初余额					借	60085000
12	10	科汇1	1-10日汇总	270000000		225000000		借	105085000

图 5—12　登记总账示例

【思政元素】

本章实践过程中，要求学生以会计从业人员的标准对待任务，不忘初心，同时结合诚信做人、不做假账等会计职业道德的相关教育内容，要求学生保持真实、公正、客观的工作态度。习近平总书记在党的二十大报告中特别指出，要深入实施人才强国战略。培养造就大批德才兼备的高素质人才，是国家和民族长远发展大计。

案例 1："29 岁月薪三千男会计，挪用 930 万元打赏女主播"。镇江的某会计挪用单位公款 930 万元打赏女主播被判刑 7 年。一个月薪 3000 多元的会计王某，一开始接触网络直播，觉得跟玩游戏一样有趣，可是花一两百元打赏女主播后，没有得到回应，觉得被女主播不屑一顾，感觉丢了面子，于是开始挪用公款，最终不能自拔，一共挪用了 930 万元公款打赏女主播，最终王某被判刑 7 年。

案例 2：2018 年，64 岁的注册会计师李萍，在会计师事务所担任主任会计师期间，严重不负责任，在未核实公司财务状况的情况下，给 5 家公司违规出具了审计报告，涉案金额达到 600 多万元。法院认为：作为会计师事务所注册会计师，严重不负责任，出具的证明文件重大失实，造成严重后果，其行为构成出具证明文件重大失实罪。判处有期徒刑 10 个月，缓刑 1 年，并处罚金 3 万元。

第六章　模拟企业期末对账和结账

一、试算平衡

试算平衡是指根据借贷记账法的记账规则和资产与权益(负债和所有者权益)的恒等关系，通过对所有账户的发生额和余额的汇总计算和比较，来检查账户记录是否正确的一种方法。

试算平衡是通过编制试算平衡表进行的。试算平衡表通常是在期末结出各总账账户的本期发生额合计和期末余额后编制的。试算平衡表中一般应设置“期初余额”“本期发生额”和“期末余额”三大栏目，其下分设“借方”和“贷方”两个小栏。如图 6－1 所示。

总分类账户的试算平衡表
2022年12月31日

帐户名称	期初余额		本期发生额		期末余额	
	借方	贷方	借方	贷方	借方	贷方
库存现金						
银行存款						
应收帐款						
原材料						
固定资产						
工程施工						
短期借款						
应付票据						
应付帐款						
长期借款						
实收资本						
资本公积						
合　计						

图 6—1　试算平衡表示例

根据借贷记账法的规则“有借必有贷，借贷必相等”，所有账户的借方期初余额合计数应与贷方期初余额合计数相等，所有账户的借方发生额合计数应与贷方发生额合计数相等，所有账户的借方期末余额合计数应与贷方期末余额合计数相等，否则过账过程有差错。

二、期末对账

(一)对账的含义

核对账目，为保证账簿记录真实、完整和准确对有关数据进行检查、核对的方法。

(二)对账的内容与方法

期末对账主要包括账证核对、账账核对和账实核对。如图 6—2 所示。

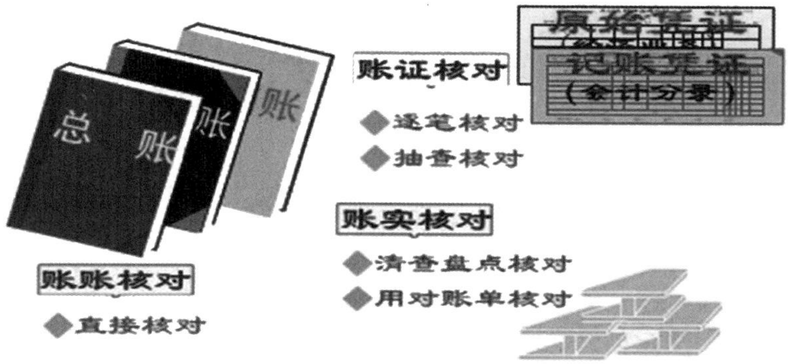

图 6—2　对账方法

账证核对是根据各种账簿记录与记账凭证及其所附的原始凭证进行核对。可以逐笔核对，也可以抽查核对。

账实核对是库存现金、银行对账单、财产物资等各项财产物资、债权债务等账面余额与实有数额之间核对。

账账核对是指各种账簿之间的有关数字进行核对。包括总分类账簿核对、总分类账簿与所属明细分类账簿核对、总分类账簿与序时账簿核对、会计部门账簿与财产物资保管部门或使用部门的财产账核对等。

三、期末结账

(一)结账的含义

结账是指在会计期末对一定会计期间内的账簿记录进行总结与结束的工作。主要是计算出每个账户的本期发生额和期末余额，并结转下一会计期间。结账是为了总结某一个会计期间内的经济活动的财务收支状况，据以编制财务会计报表，而对各种账簿的本期发生额和期末余额进行的计算总结。

(二)结账的类别

结账按照结账日期的不同，划分为日结、月结、季结和年结。

1. 日结

日结是指对现金、银行存款日记账按日结账。财务人员在每日工作结束之后，对现金、银行存款日记账结算出余额，并把现金日记账的余额与库存现金实存数进行核对，做到账实相符。

日结时，应在各个现金、银行存款日记账该日最后一笔经济业务下面划一条通栏单红线，在红线下“摘要”栏内注明“本日合计”，在“借方”栏、“贷方”栏或“余额”栏分别填入本日合计数和月末余额，同时在“借或贷”栏内注明借贷方向。然后，在这一行下面再划一条通栏单红线，以便与下日发生额划清。如图 6—3 所示。

现金日记账

2011年		记账凭证号数	摘要	对方科目	页数	借方									贷方									借或贷	余额								
月	日					百	十	万	千	百	十	元	角	分	百	十	万	千	百	十	元	角	分		百	十	万	千	百	十	元	角	分
12	1		期初余额																					借				1	0	0	0	0	0
	1	4	提现	银行存款					3	0	0	0	0	0										借				4	0	0	0	0	0
	1	6	报销办公费	管理费用															6	0	0	0	0	借				3	4	0	0	0	0
	1	7	借支	其他应收款														2	0	0	0	0	0	借				1	4	0	0	0	0
			本日合计						3	0	0	0	0	0				2	6	0	0	0	0	借				1	4	0	0	0	0

注：图中“本日合计”上方和下方的线是通栏单红线。

图 6—3 现金日记账日结示例

2. 月结

每月末，应在该月最后一笔经济业务下面划一条通栏单红线，表示本月结束，在红线下摘要栏内注明 “本月合计”字样，并在同一行“借方”栏填上本月所有借方发生额之和，在同一行“贷方”栏填上本月所有贷方发生额之和，在“余额”栏算出余额，同时在“借或贷”栏内注明借贷方向。在“本月合计”这一行下面再划一条通栏单红线，以便与下月发生额划清。

损益类明细账既需要进行本月合计，也需要进行本年累计。在“本月合计”的下一行，在摘要栏内注明“本年累计”字样，并在下面通栏划双红线；12 月末的“本年累计”就是全年累计发生额，全年累计发生额下应当通栏划双红线。如图 6—4 所示。

总分类科目：所得税费用

明细分类科目：

2010年		凭证		摘要	借方											核对	贷方											核对	借或贷	余额											核对
月	日	种类	号数		亿	千	百	十	万	千	百	十	元	角	分		亿	千	百	十	万	千	百	十	元	角	分			亿	千	百	十	万	千	百	十	元	角	分	
1	31	转	98	计算所得税费用					1	1	0	0	0	0	0														借					1	1	0	0	0	0	0	
	31	转	99	结转所得税费用																	1	1	0	0	0	0	0		平												
				本月合计					1	1	0	0	0	0	0						1	1	0	0	0	0	0		平												
2	28	转	87	计算所得税费用						9	0	0	0	0	0														借						9	0	0	0	0	0	
		转	88	结转所得税费用																		9	0	0	0	0	0		平												
				本月合计						9	0	0	0	0	0							9	0	0	0	0	0		平												
				本年累计					2	0	0	0	0	0	0						2	0	0	0	0	0	0		平												

注：图中“本月合计”和“本年累计”上方和下方的线是通栏单红线。

图 6—4 所得税费用月结示例

3. 季结

季结时，通常在每季度的最后一个月月结的下一行，在摘要栏注明“本季合计”或“本季度发生额及余额”，同时结出借、贷方发生总额及季末余额。然后，在这一行下面划一条通栏单红线，表示季结的结束。

4. 年结

年结时，在第四季度季结的下一行，在摘要栏注明“本年合计”或“本年发生额及余额”，同时结出借、贷方发生额及期末余额。然后，在这一行下面划上通栏双红线，以示封账。

年度终了结账时，有余额的账户，应将其余额结转下年，并在摘要栏注明“结转下年”字样；在下一会计年度新建有关账户的第一行余额栏内填写上年结转的余额，并在摘要栏注明“上年结转”字样。

【思政元素】

在本章实践过程中，学生容易出现对账不平的情况，往往会灰心丧气。因此当发现学生遇到困难，要注重培养学生用联系的、全面的、发展的观点看问题，培养健康向上的人生态度。鼓励学生坚持发扬斗争精神。正如全面建设社会主义现代化国家，是一项伟大而艰巨的事业，要增强全党全国各族人民的志气、骨气、底气，不信邪、不怕鬼、不怕压，知难而进、迎难而上，统筹发展和安全，全力战胜前进道路上各种困难和挑战，依靠顽强斗争打开事业发展新天地。同时，引导学生养成认真负责的工作态度，培养学生遵守职业道德和职业规范，强化社会责任感。

案例：京东集团发布 2022 年第一季度财报，净收入 2397 亿元人民币（约 378 亿美元），同比增长 18%。财报显示，在对基础设施、技术研发、员工薪酬福利的持续投入，以及全力支持上海等多地抗疫保供，并且全面支持合作伙伴减少疫情的影响和让利给消费者后，京东集团在 2022 年第一季度归属于普通股东的净亏损为 30 亿元人民币（约 5 亿美元）。但这份投入换来了员工更高的忠诚度和更强的执行力，打造出更优质的用户体验，让更多用户选择京东。事实上，早在 2020 年 9 月，京东集团就因累计投入超过十几亿元用于抗疫情、保民生、撑经济、稳就业荣获“全国抗击新冠肺炎疫情先进集体”和“全国先进基层党组织”两项国家级荣誉。笃信长期主义，遵守商业底线，担当社会责任。企业尚如此，何况每一个从业人员。

第七章　模拟企业财务报表编制

财务报表是对企业财务状况、经营成果和现金流量的结构性表述。财务报告包括会计报表、会计报表附注和财务情况说明书，其内容、种类、格式遵循《企业会计准则》的规定。本模拟企业的财务报表编制训练主要包括资产负债表、利润表和现金流量表的编制。

一、资产负债表

资产负债表是反映企业在一定日期的资产、负债和所有者权益状况的财务报表。资产负债表是以"资产＝负债＋所有者权益"会计恒等式为基础的。如表 7－1 所示。

表 7－1　　**资产负债表**　　会企 01 表

编制单位：　　____年____月____日　　单位：元

资　　产	期末余额	年初余额	负债和所有者权益(或股东权益)	期末余额	年初余额
流动资产：			流动负债：		
货币资金			短期借款		
以公允价值计量且其变动计入当期损益的金融资产			以公允价值计量且其变动计入当期损益的金融负债		
衍生金融资产			衍生金融负债		
应收票据			应付票据		
应收账款			应付账款		
预付款项			预收款项		
应收利息			应付职工薪酬		
应收股利			应交税费		
其他应收款			应付利息		
存货			应付股利		
持有待售资产			其他应付款		

续表

资　　产	期末余额	年初余额	负债和所有者权益（或股东权益）	期末余额	年初余额
一年内到期的非流动资产			持有待售负债		
其他流动资产			一年内到期的非流动负债		
流动资产合计			其他流动负债		
非流动资产：			流动负债合计		
可供出售金融资产			非流动负债：		
持有至到期投资			长期借款		
长期应收款			应付债券		
长期股权投资			其中：优先股		
投资性房地产			永续债		
固定资产			长期应付款		
在建工程			专项应付款		
工程物资			预计负债		
固定资产清理			递延收益		
生产性生物资产			递延所得税负债		
油气资产			其他非流动负债		
无形资产			非流动负债合计		
开发支出			负债合计		
商誉			所有者权益（或股东权益）：		
长期待摊费用			实收资本（或股本）		
递延所得税资产			其他权益工具		
其他非流动资产			其中：优先股		
非流动资产合计			永续债		
			资本公积		
			减：库存股		
			其他综合收益		
			盈余公积		
			未分配利润		
			所有者权益（或股东权益）合计		
资产总计			负债和所有有者权益（或股东权益）总计		

(一)资产负债表的格式

资产负债表一般有表头、表身、表尾三部分。表头应列明报表名称、编制单位、编制日期、报表编号、金额计量单位等。表身是资产负债表的主体，列示了用以说明企业财务状况的资产、负债及所有者权益的各个项目。表尾为补充说明。

（二）资产负债表的编制

资产负债表主体部分的各项目都列有“年初余额”和“期末余额”两个栏目，表中各项目数据主要来源于会计账簿的资产、负债和所有者权益等账户的余额记录。其中，大多数项目可以直接根据总账账户的余额填列，但由于报表项目和账簿记录并不完全是一一对应关系，有一部分项目的数据必须经过合并、分拆等整理才能进入资产负债表。

二、利润表

利润表又称为损益表，是反映企业一定会计期间的经营成果的会计报表。利润表将企业一定会计期间的营业收入与其同一会计期间的相关营业费用进行配比，以计算出企业一定会计期间的净利润（或净亏损）。如表 7－2 所示。

（一）利润表的格式

利润表由表头、表身和表尾等部分组成。表头部分应列明报表名称、编表单位名称、编制期间和金额计量单位；表身部分反映利润的构成内容；表尾部分为补充说明。根据我国企业会计准则的规定，我国企业的利润表采用多步式利润表。

（二）利润表的编制

利润表中各项目的数据来源主要是根据各损益类科目的发生额分析填列。

月度利润表的数据栏分为“本月数”和“本年累计数”，“本月数”根据本期损益类账户的发生额填列，“本年累计数”根据上月利润表的“本年累计数”加上本月利润表的“本月数”填列，反映年初到本月末止的各损益类账户的累计发生额。

年度利润表数据分为“本年金额”和“上年金额”，这与月份利润表的栏目不同。年底利润表“本年金额”是第 12 月份的月利润报表的“本年累计数”，直接转抄。“上年金额”根据上年的年度利润表的“本年金额”填列。

表 7－2 **利润表** 会企 02 表

编制单位： ____年____月 单位：元

项　目	本月数	本年累计数
一、营业收入		
减：营业成本		
税金及附加		
销售费用		
管理费用		
财务费用		
资产减值损失		
加：公允价值变动收益（损失以“－”号填列）		
投资收益（损失以“－”号填列）		
其中：对联营企业和合营企业的投资收益		

续表

项　　目	本月数	本年累计数
资产处置收益(损失以"—"号填列)		
其他收益		
资产减值损失		
资产处置收益(损失以"—"号填列)		
二、营业利润(亏损以"—"号填列)		
加:营业外收入		
减:营业外支出		
三、利润总额(净亏损以"—"号填列)		
减:所得税费用		
四、净利润(净亏损以"—"号填列)		
(一)持续经营净利润(净亏损以"—"号填列)		
(二)终止经营净利润(净亏损以"—"号填列)		
五、其他综合收益的税后净额		
(一)以后不能重分类进损益的其他综合收益		
1. 重新计量设定受益计划净负债或资产的变动		
2. 权益法下在被投资单位不能重分类进损益的其他综合收益中享有的份额		
……		
(二)以后净重分类进损益的其他综合收益		
1. 权益法下在被投资单位以后将重分类进损益的其他综合收益中享有的份额		
2. 可供出售金融资产公允价值变动损益		
3. 持有至到期投资重分类可供出售金融资产损益		
4. 现金流量套期损益的有效部分		
5. 外币财务报表折算差额		
……		
六、综合收益总额		
七、每股收益		
(一)基本每股收益		
(二)稀释每股收益		

三、现金流量表

现金流量表是反映企业一定会计期间现金与现金等价物流入和流出的会计报表。如表7—3所示。

表 7—3　　**现金流量表**　　会企 03 表

编制单位：　　____年____月　　单位：元

项　目	本期金额	上期金额
一、经营活动产生的现金流量		
销售商品、提供劳务收到的现金		
收到的税费返还		
收到其他与经营活动有关的现金		
经营活动现金流入小计		
购买商品、接受劳务支付的现金		
支付给职工以及为职工支付的现金		
支付的各项税费		
支付其他与经营活动有关的现金		
经营活动现金流出小计		
经营活动产生的现金流量净额		
二、投资活动产生的现金流量		
收回投资收到的现金		
取得投资收益收到的现金		
处置固定资产、无形资产和其他长期资产收回的现金净额		
处置子公司及其他营业单位收到的现金净额		
收到其他与投资活动有关的现金		
投资活动现金流入小计		
购建固定资产、无形资产和其他长期资产支付的现金		
投资支付的现金		
取得子公司及其他营业单位支付的现金净额		
支付其他与投资活动有关的现金		
投资活动现金流出小计		
投资活动产生的现金流量净额		
三、筹资活动产生的现金流量		
吸收投资收到的现金		
取得借款收到的现金		
收到其他与筹资活动有关的现金		
筹资活动现金流入小计		
偿还债务支付的现金		
分配股利、利润或偿付利息支付的现金		
支付其他与筹资活动有关的现金		

续表

项　目	本期金额	上期金额
筹资活动现金流出小计		
筹资活动产生的现金流量净额		
四、汇率变动对现金及现金等价物的影响		
五、现金及现金等价物净增加额		
加：期初现金及现金等价物余额		
六、期末现金及现金等价物余额		

（一）现金流量表的格式

现金流量表分为正表和补充资料二部分，各部分又分为各具体项目，这些项目从不同的角度反映企业业务活动的现金流入与流出，弥补了资产负债表和利润表无法提供与现金流量相关信息的不足。

（二）现金流量表的编制

现金流量表的编制方法有直接法和间接法两种，其中直接法以营业收入为起点。现金流量表的正表采用直接法，按现金收入和现金支出的主要类别直接反映企业经营活动产生的现金流量。采用直接法编制经营活动的现金流量时，一般以利润表中的营业收入为起算点，调整与经营活动有关项目的增减变动，然后计算出经营活动现金流量。现金流量的数据可根据企业会计记录直接填列，也可根据资产负债表和利润表有关资料分析填列。

间接法以净利润为起点。补充资料采用间接法，以净利润为起点，调整不涉及现金收支的收入、费用和营业外收支等有关项目，据此计算出经营活动产生的现金流量。

【思政元素】

通过本章的编制企业财务报表实践环节，使学生明确财务数据的来龙去脉，更深刻体会作为财务人员什么应该做、什么不可以做，要严格遵守企业会计准则和相关会计法律、法规、制度，保持应有的职业谨慎，履行好会计工作的监督职责，为国家看好资金门、把好经济关，对自己负责，对社会公众负责，对国家负责，提高使命感和责任感。党的二十大报告中强调加快建设法治社会。法治社会是构筑法治国家的基础。弘扬社会主义法治精神，传承中华优秀传统法律文化，引导全体人民做社会主义法治的忠实崇尚者、自觉遵守者、坚定捍卫者，努力使尊法学法守法用法在全社会蔚然成风。

案例：以中天勤会计师事务所审计银广夏的年度会计报表为例，对于虚假的海关报关单、发票、银行进账单以及对德国签订的销售合同都没有提出疑问。银广夏事发之后，财政部吊销了中天勤会计师事务所的执业资格，同时吊销其签字的注册会计师刘加荣、徐林文的注册会计师资格，并把几位注册会计师移送公安机关处理。

第八章　模拟企业会计档案管理

一、会计档案管理的总体要求

为了加强会计档案管理，有效保护和利用会计档案，公司应当遵守《中华人民共和国会计法》《中华人民共和国档案法》等有关法律，按照《会计档案管理办法》要求，建立和完善会计档案的收集、整理、保管、利用和鉴定销毁等管理制度，采取可靠的安全防护技术和措施，保证会计档案的真实、完整、可用、安全。

企业可以利用计算机、网络通信等信息技术手段管理会计档案。

二、会计档案的范畴

会计档案是指企业在进行会计核算等过程中接收或形成的，记录和反映单位经济业务事项的，具有保存价值的文字、图表等各种形式的会计资料，包括通过计算机等电子设备形成、传输和存储的电子会计档案。会计档案主要包括会计凭证、会计账簿、财务会计报告和其他会计资料等专业资料，是记录和反映单位经济业务的重要史料和证据。

按照《会计档案管理办法》的规定，企业会计档案包括以下具体内容：

(1)会计凭证类：会计凭证是记录经济业务、明确经济责任的书面证明。它包括自制原始凭证、外来原始凭证、原始凭证汇总表、记账凭证（收款凭证、付款凭证、转账凭证三种）、记账凭证汇总表等内容。

(2)会计账簿类：会计账簿是由一定格式、相互联结的账页组成，以会计凭证为依据，全面、连续、系统地记录各项经济业务的簿籍。它包括按会计科目设置的总分类账、各类明细分类账、现金日记账、银行存款日记账、固定资产卡片以及辅助性登记备查簿等。

(3)财务会计报告类：会计报告是反映企业会计财务状况和经营成果的总结性书面文件，包括会计报表（资产负债表、损益表、现金流量表等）、附表、附注及文字说明、其他财务报告。财务报告按照报告期间可以分为月度、季度、半年度、年度财务会计报告。

(4)其他会计资料类：包括银行存款余额调节表、银行对账单、纳税申报表、会计档案移交清册、会计档案保管清册、会计档案销毁清册、会计档案鉴定意见书及其他具有保存价值的会计资料。

根据《会计档案管理办法》的规定，同时满足一定条件的，企业内部形成的属于归档范围的电子会计资料可仅以电子形式保存，形成电子会计档案。并且企业从外部接收的电子会计资料附有符合《中华人民共和国电子签名法》规定的电子签名的，可仅以电子形式归档保存，形成电子会计档案。

会计档案是国家经济档案的重要组成部分，是企业日常发生的各项经济活动的历史记录，是总结经营管理经验、进行决策所需的主要资料，也是检查各种责任事故的重要依据。各企业单位对会计档案必须高度重视、严加保管、妥善管理，不得丢失、损坏、抽换或任意销毁。

三、会计档案的整理

(一)会计凭证的整理

(1)分类整理，按顺序排列，检查日数、编号是否齐全。

(2)按凭证汇总日期归集(如按上、中、下旬汇总归集)确定装订成册的本数。

(3)摘除凭证内的金属物(如订书钉、大头针、回形针)，对大的张页或附件要折叠成同记账凭证大小，且要避开装订线，以便翻阅保持数字完整。

(4)装订成册的封面上写明单位名称和会计凭证的名称，还要填写此册记账凭证所包含的经济业务事项发生的年、月、日，凭证的起止号码和起止日期，以及记账凭证和原始凭证的张数等。为慎重起见，在记账凭证的封面上应加盖单位负责人和财务负责人的印章，装订人应在装订线封签处签名或盖章。会计凭证封面如图 8－1 所示。

凭　证　封　面

立档单位							
凭证类别	□＿＿收款凭证　□＿＿付款凭证　□转账凭证　□通用凭证						
起止日期	自　年　月　日至　年　月　日						
凭证册数	本月共　册　本册是第　册						
凭证号数	本册共　号　本册自第　号至第　号						
附注							
全宗号		目录号		案卷号		保管号	

财务主管　　会　计　　装订人　　保管年限　　年

图 8—1　会计凭证封面

(5)为了使装订成册的会计凭证外形美观，在装订时要考虑到凭证的整齐均匀，特别是装订线的位置，如果太薄时可用纸折一些三角形纸条，均匀地垫在此处，以保证它的厚度与凭证中间的厚度一致。在装订会计凭证时可以采用侧订法或角订法，侧订法的装订位置一般在凭证的左侧面；角订法的装订位置一般在凭证的左上角。

(二)会计账簿的整理

(1)年度结账后，除跨年使用的账簿外，其他账簿应按时整理立卷。

(2)按账簿启用表的使用页数核对各个账户是否相符,账页数是否齐全,序号排列是否连续。

(3)按会计账簿封面、账簿启用表、账户目录、该账簿按页数顺序排列的账页、会计账簿装订封底的顺序装订。

(4)会计账簿应牢固、平整,不得有折角、缺角、错页、掉页、加空白纸的现象。

(5)会计账簿的封口要严密,封口处要加盖有关印章。封面应齐全、平整,并注明所属年度及账簿名称、编号,编号为一年一编,编号顺序为总账、库存现金日记账、银行存(借)款日记账、分户明细账。

(6)会计账簿按保管期限分别编制卷号,如现金日记账全年按顺序编制卷号;总账、各类明细账、辅助账全年按顺序编制卷号。

(三)会计报表的整理

(1)会计报表编制完成及时报送后,留存的报表按月装订成册谨防丢失。小企业可按季装订成册。

(2)会计报表装订前要按编报目录核对是否齐全,整理报表页数,上边和左边对齐压平,防止折角,如有损坏部位修补后,完整无缺地装订。

(3)会计报表装订顺序为:会计报表封面、会计报表编制说明、各种会计报表按会计报表的编号顺序排列、会计报表的封底。

(4)按保管期限编制卷号。

四、会计档案的保管与借阅

(一)会计档案的归档要求

(1)企业单位的会计机构或会计人员所属机构(统称单位会计管理机构),按照归档范围和归档要求,负责定期将应当归档的会计资料整理立卷,编制会计档案保管清册。

(2)当年形成的会计档案,在会计年度终了后,可由单位会计管理机构临时保管一年,再移交单位档案管理机构保管。因工作需要确需推迟移交的,应当经单位档案管理机构同意。

(3)单位会计管理机构临时保管会计档案最长不超过三年。临时保管期间,会计档案的保管应当符合国家档案管理的有关规定,且出纳人员不得兼管会计档案。

(4)单位会计管理机构在办理会计档案移交时,应当编制会计档案移交清册,并按照国家档案管理的有关规定办理移交手续。

纸质会计档案移交时应当保持原卷的封装。电子会计档案移交时应当将电子会计档案及其元数据一并移交,且文件格式应当符合国家档案管理的有关规定。特殊格式的电子会计档案应当与其读取平台一并移交。

单位档案管理机构接收电子会计档案时,应当对电子会计档案的准确性、完整性、可用性、安全性进行检测,符合要求的才能接收。

(二)会计档案的保管要求

(1)会计档案室应选择在干燥防水的地方,并远离易燃品堆放地,周围应备有适应的防火器材;

(2)采用透明塑料膜作防尘罩、防尘布,遮盖所有档案架和堵塞鼠洞;

(3)会计档案室内应经常用消毒药剂喷洒,经常保持清洁卫生,以防虫蛀;

(4)会计档案室保持通风透光,并有适当的空间、通道和查阅地方,以利查阅,并防止潮湿;

(5)设置归档登记簿、档案目录登记簿、档案借阅登记簿，严防毁坏损失、散失和泄密；

(6)电子会计档案保管要注意防盗、防磁等安全措施。

会计档案的保管期限分为永久、定期两类。定期保管期限一般分为 10 年和 30 年。会计档案的保管期限从会计年度终了后的第一天算起。企业各类会计档案保管期限见表 8－1，表中会计档案保管期限为最低保管期限。

表 8－1　　会计档案保管期限表

序号	档案名称	保管期限	备　注
一	会计凭证		
1	原始凭证	30 年	
2	记账凭证	30 年	
二	会计账簿		
3	总账	30 年	
4	明细账	30 年	
5	日记账	30 年	
6	固定资产卡片		固定资产报废清理后保管 5 年
7	其他辅助性账簿	30 年	
三	财务会计报告		
8	月度、季度、半年度财务会计报告	10 年	
9	年度财务会计报告	永久	
四	其他会计资料		
10	银行存款余额调节表	10 年	
11	银行对账单	10 年	
12	纳税申报表	10 年	
13	会计档案移交清册	30 年	
14	会计档案保管清册	永久	
15	会计档案销毁清册	永久	
16	会计档案鉴定意见书	永久	

(三)会计档案的借阅要求

企业应当严格按照相关制度利用会计档案，在进行会计档案查阅、复制、借出时履行登记手续，严禁篡改和损坏。

企业保存的会计档案一般不得对外借出。确因工作需要且根据国家有关规定必须借出的，应当严格按照规定办理相关手续。

会计档案归档保管之后，应设置“会计档案调阅登记簿”，详细登记调阅日期、调阅人、调阅理由、归还日期等内容。本单位调阅会计档案，需经会计主管人员同意，外单位调阅本单位会计档案，要有正式的介绍信，经单位领导批阅。对借出的会计档案要及时督促归还。未经批准，调阅人员不得将会计档案携带外出，不得擅自摘录有关数据。遇特殊情况需要影印复制会计档案的，必须经过本单位领导批准，并在“会计档案调阅登记簿”内详细记录会计档案影印复制的情况。

会计档案借用单位应当妥善保管和利用借入的会计档案，确保借入会计档案的安全完整，并在规定时间内归还。

五、会计档案的销毁

企业应当定期对已到保管期限的会计档案进行鉴定，并形成会计档案鉴定意见书。会计档案鉴定工作应当由单位档案管理机构牵头，组织单位会计、审计、纪检监察等机构或人员共同进行。经鉴定，仍需继续保存的会计档案，应当重新划定保管期限；对保管期满，确无保存价值的会计档案，可以销毁。

经鉴定可以销毁的会计档案，应当按照《会计档案管理办法》规定的程序销毁：(1)单位档案管理机构编制会计档案销毁清册，列明拟销毁会计档案的名称、卷号、册数、起止年度、档案编号、应保管期限、已保管期限和销毁时间等内容。(2)单位负责人、档案管理机构负责人、会计管理机构负责人、档案管理机构经办人、会计管理机构经办人在会计档案销毁清册上签署意见。(3)单位档案管理机构负责组织会计档案销毁工作，并与会计管理机构共同派员监销。监销人在会计档案销毁前，应当按照会计档案销毁清册所列内容进行清点核对；在会计档案销毁后，应当在会计档案销毁清册上签名或盖章。

电子会计档案的销毁还应当符合国家有关电子档案的规定，并由单位档案管理机构、会计管理机构和信息系统管理机构共同派员监销。

保管期满但未结清的债权债务会计凭证和涉及其他未了事项的会计凭证不得销毁，纸质会计档案应当单独抽出立卷，电子会计档案单独转存，保管到未了事项完结时为止。

【思政元素】

通过本章的学习和实践，增强学生坚定诚信信念。党的二十大报告强调，要弘扬诚信文化，健全诚信建设长效机制。诚实守信是会计学科注重的根本理念，是会计行业得以健康发展的基本保证，社会主义核心价值观也强调诚信原则；结合课程培养学生谨慎、务实的品格，强调做事未雨绸缪；同时注重对学生合规意识的培养，要求自觉遵守各项法律制度，恪守职业道德，知法、守法、敬法，切实保护国家、社会公众和投资人等利益。

案例：以南海公司破产案为例，启发学生注册会计师审计作为经济警察在资本市场的监督作用，让学生明白丧失职业道德对国家对企业对自身的危害，引导学生要以社会主义核心价值观为导向遵守法律法规，遵守职业道德。以黄石大瑞会计师事务有限公司朱晖被追究法律责任为例，引导学生们树立正确的职业观和价值观，在以后的工作中对国家对单位对个人负责。

附录　模拟企业经济业务原始凭证

业务 1:1—1/3

销 售 单

购货单位北京市天宫机械有限公司　　地址和电话北京市朝阳区和平里76号 01041435174　　单据编号: XS6097295234

纳税识别号: 922101010917265389　　开户行及账号: 中国建设银行北京朝阳支行 0200002725485123321　　制单日期: 2022年12月01日

编 码	产 品 名 称	规 格	单 位	单 价	数 量	金 额	备 注
CP001	普通机床		台	30000.00	15	450000.00	不含税价
合 计	人民币（大写）：肆拾伍万元整					¥450000.00	

会计联

总经理：安东阳　　销售经理：李宁　　经手人：吴迪　　会计：李锐　　签收人：林林

1—2/3

1100182140

江苏增值税专用发票

№ 6097295234　　1100182140　6097295234

此联不作报销、扣税凭证使用

开票日期: 2022年12月01日

购买方
名　　称: 北京市天宫机械有限公司
纳税人识别号: 922101010917265389
地 址、电 话: 北京市朝阳区和平里76号 01041435174
开户行及账号: 中国建设银行北京朝阳支行 0200002725485123321

密码区
3-65745<19458<3840481-0+45-
75/37503848*7>+>-2//5*343/3
>*8574567-7<8*3448*4509/3+3
3457<565>56-+565/677>57<754

货物或应税劳务、服务名称	规格型号	单位	数 量	单 价	金 额	税率	税 额
普通机床		台	15	30000.00	450000.00	13%	58500.00
合　　计					¥4[illegible]		¥58500.00
价税合计（大写）	⊗伍拾万捌仟伍佰元整				（小写）¥50850[illegible]		

销售方
名　　称: 苏州安昆科技股份有限公司
纳税人识别号: 913204111114185458
地 址、电 话: 江苏省苏州市吴中区阳光东路88号 0512-36698877
开户行及账号: 中国工商银行苏州市吴中支行 0200002356487219763

备注

苏州安昆科技股份有限公司
913204111114185458
发票专用章

收款人:　　复核: 李丽　　开票人: 张林　　销售方:（章）

第一联：记账联　销售方记账凭证

税总函【XXXX】XXX号 XXXXXXX公司

1—3/3

ICBC 中国工商银行 进账单（收方通知）3

2022年 12月 01日 №00002489

出票人	全称	北京市天宫机械有限公司	收款人	全称	苏州安昆科技股份有限公司
	账号	0200002725485123321		账号	0200002356487219763
	开户银行	中国建设银行北京朝阳支行		开户银行	中国工商银行苏州市吴中支行
金额	人民币（大写）	伍拾万捌仟伍佰元整		亿千百十万千百十元角分	￥50850000
票据种类	转账支票	票据张数	1		
票据号码	35942792				
复核：	记账：			收款人开户银行签章	

中国工商银行苏州市吴中支行 2022.12.01 办讫章（01）

此联是收款人开户银行交给收款人的收账通知

175×85mm GH 088011

业务2:2—1/2

110011862140 **江苏增值税普通发票** №0096182256 110011862140 0096182256

校验码 85421 58912 25413 24120 开票日期:2022年12月01日

购买方	名称:苏州安昆科技股份有限公司 纳税人识别号:913204111114185458 地址、电话:江苏省苏州市吴中区阳光东路88号 0512-36698877 开户行及账号:中国工商银行苏州市吴中支行 0200002356487219763
密码区	3-65745<19458<3840481-0+45- 75/37503848*7>+>-2//5*343/3 >*8574567-7<8*3448*4509/3+3 3457<565>56-+565/677>57-+23

货物或应税劳务、服务名称	规格型号	单位	数量	单价	金额	税率	税额
*纸制品*稿纸		本	50	23.00	1150.00	13%	149.50
*文具*文件袋		个	50	6.50	325.00	13%	42.25
*文具*中性笔		盒	50	9.80	490.00	13%	63.70
合计					￥196[illegible]		￥255.45
价税合计（大写）	⊗贰仟贰佰贰拾元肆角伍分				（小写）￥2220.45		

销售方	名称:苏州市苏通顺办公用品店 纳税人识别号:911101013546615463 地址、电话:苏州市吴中区环城东路1号 0512-87328200 开户行及账号:中国工商银行苏州市环城东支行0700342563542861204	备注

收款人: 复核:李维 开票人:陈芳 销售方:（章）

苏州市苏通顺办公用品店 911101013546615463 发票专用章

第二联：发票联 购买方记账凭证

2—2/2

报 销 单

填报日期：2022 年 12 月 01 日 单据及附件共 1 张

姓名	陈晨	所属部门	行政办	报销形式	现金
				支票号码	
报销项目		摘要		金额	备注：
管理费用-办公费		采购办公用品		2220.45	
				现金付讫	
合	计			￥2220.45	
金额大写：零 拾零 万贰 仟贰 佰贰 拾零 元肆 角伍 分				原借款： 元	应退款： 元 应补款： ￥2220.45 元

总经理：安东阳 财务经理：马琳 部门经理：王玮 会计：李锐 出纳：李民 领款人：陈晨

业务 3:3—1/3

ICBC　中国工商银行　凭证

NO 25892976

转账发报录入

交易日期：2022-12-02　柜员号：01425　授权柜员：　交易代码：9500　交易流水号：11032001　支付交易序号：15230

委托人账号：0200002356487219763　金额：￥64001.00　凭证名称：2020版业务委托书　凭证号码：00250440

委托人名称：苏州安昆科技股份有限公司　收费负担方：汇款人付费

汇款人账号：0200002356487219763　收款人账号：02534456412347312326

汇款人名称：苏州安昆科技股份有限公司

收款人名称：河南安阳物资有限公司

工作时间：15:23:50　报文类型：汇兑录入（CNT100）

中国工商银行苏州市吴中支行 2022.12.02 办讫章 (01)

3—2/3

ICBC 中国工商银行

业务委托书 回执

APPLICATION FOR MONEY TRANSFER ACKNOWLEDGMENT

苏 001410440

委托人全称	苏州安昆科技股份有限公司
委托人账号	0200002356487219763
收款人全称	河南安阳物资有限公司
收款人账号	025344[illegible]
金额	￥64001.00
委托日期	2022.12.02

此联为银行受理通知书。若委托人申请汇票或本票业务，应凭此联领取汇票或本票。

This Paper is the bank acceptance advice. For draft or promissory note application, please return this paper.

中国工商银行苏州市吴中支行 2022.12.02 办讫章 (01)

3—3/3

③　中国工商银行 收费通知（缴费收据联）

2022年　12月　02日

付款单位名称	苏州安昆科技股份有限公司		账号	0200002356487219763						
结算内容	手续费	邮电费	类别	金额						
				千	百	十	元	角	分	
汇票	1 笔 5 元	1 笔 3 元	手续费			￥	5	0	0	
汇兑	笔 元	笔 元								
委托收款	笔 元	笔 元								
托收承付	笔 元	笔 元	邮电费			￥	3	0	0	
支票	笔 元	笔 元								
合计金额	人民币：（大写）捌元整		合计			￥	8	0	0	
备注：		银行公章								

中国工商银行苏州市吴中支行 2022.12.02 办讫章 (01)

业务 4:4—1/3

收　款　收　据　　NO.00350128

2022年12月3日

今　收　到苏州安昆科技股份有限公司

交　来：捐助款

金额（大写）　零拾　伍万　零仟　零佰　零拾　零元

¥ 50000.00　□现金　☑支票　□信用卡　□其他

收款单位（盖章）　苏州市红领巾小学　财务专用章

核准　会计　记账　出纳蔡平　经手人王明

第二联交对方

4—2/3

ICBC 中国工商银行　　进账单（回　单）2

2022年12月03日　　№000698765

出票人	全　称	苏州安昆科技股份有限公司	收款人	全　称	苏州市红领巾小学
	账　号	0200002356487219763		账　号	0200001546789542189 7623
	开户银行	中国工商银行苏州市吴中支行		开户银行	中国建设银行苏州相城区支行
金额	人民币（大写）伍万元整			亿千百十万千百十元角分	¥5000000
票据种类	转账支票	票据张数	1		
票据号码	123409810				
	复核：　记账：				开户银行签章

中国工商银行苏州市吴中支行　2022.12.03　办讫章　(01)

此联是开户银行交给持（出）票人的回单

175×85mm　GH 088011

4—3/3

工商银行
转账支票存根
123409810
004784518

附加信息

出票日期2022年12月03日

收款人：苏州市红领巾小学

金　额：¥50000.00

用　途：捐款

单位主管 马琳　会计 李锐

上海金达证券印刷有限公司·2011年印制

业务 5:5—1/3

ICBC 中国工商银行

业务委托书 回执

APPLICATION FOR MONEY TRANSFER ACKNOLEDGMENT

苏 00250490

委托人全称	苏州安昆科技股份有限公司
委托人账号	0200002356487219763
收款人全称	上海钢铁物资有限公司
收款人账号	0264817468961389 2796
金额	￥268000.00
委托日期	2022.12.03

中国工商银行苏州市吴中支行 2022.12.03 办讫章 (01)

此联为银行受理回执书。若委托人申请汇票或本票业务，应凭此联领取汇票或本票。

This Paper is the bank acceptance advice. For draft or promissory note application, please return this paper.

5—2/3

ICBC　中国工商银行　凭证

NO 2168976313

转账发报录入

交易日期：2022-12-03　柜员号：01425　授权柜员：　交易代码：9500　交易流水号：11051285　支付交易序号：15735

委托人账号：0200002356487219763　金额：￥268000.00　凭证名称：2020版业务委托书　凭证号码：00250490

委托人名称：苏州安昆科技股份有限公司　收费负担方：汇款人付费

汇款人账号：0200002356487219763　收款人账号：[illegible]40017252025425522017

汇款人名称：苏州安昆科技股份有限公司

收款人名称：上海钢铁物资有限公司

工作时间：10:20:15　报文类型：汇兑录入（CNT100）

中国工商银行苏州市吴中支行 2022.12.03 办讫章 (01)

5—3/3

③　中国工商银行 收费通知（缴费收据联）

2022年　12月　03日

付款单位名称	苏州安昆科技股份有限公司		账号	0200002356487219763					
结算内容	手续费	邮电费	类别	金额					
				千	百	十	元	角	分
汇票	笔　元	笔　元							
汇兑	1 笔 3 元	1 笔 15.00 元	手续费			￥	3	0	0
委托收款	笔　元	笔　元							
托收承付	笔　元	笔　元	邮电费		￥	1	5	0	0
支票	笔　元	笔　元							
合计金额	人民币（大写）：壹拾捌元整		合计		￥	1	8	0	0
备注：		银行公章							

中国工商银行苏州市吴中支行 2022.12.03 办讫章 (01)

业务 6：6—1/5

1100182140

江苏增值税专用发票

此联不作报销、扣税凭证使用

№ 005672953

1100182140
005672953

开票日期：2022年12月03日

购买方	名　　称：山西机电制造有限公司 纳税人识别号：911401058120934289 地 址、电 话：山西省太原市小店区晋阳街67号 03511905548 开户行及账号：中国工商银行太原小店支行 0502121609202225488	密码区	3-65745<19458<3840481-0+45- 75/37503848*7>+>-2//5*343/3 >*8574567-7<8*3448*4509/3+3 3457<565>56-+565/677>57<012

货物或应税劳务、服务名称	规格型号	单位	数量	单价	金额	税率	税额
数控机床		台	3	50000.00	150000.00	13%	19500.00
合　　计					¥150000.00		¥19500.00
价税合计（大写）	⊗壹拾陆万玖仟伍佰元整				（小写）¥169500.00		

销售方	名　　称：苏州安昆科技股份有限公司 纳税人识别号：91320411114185458 地 址、电 话：江苏省苏州市吴中区阳光东路88号 0512-36698877 开户行及账号：中国工商银行苏州市吴中支行 0200002356487219763	备注	

收款人：　　复核：　　开票人：王品　　销售方：（章）

苏州安昆科技股份有限公司
91320411114185458
发票专用章

第一联：记账联　销售方记账凭证

税总函【XXXX】XXX号　XXXXXXX公司

6—2/5

销售单

购货单位山西机电制造有限公司　　地址和电话山西省太原市小店区晋阳街67号 03511905548　　单据编号：XS005672953

纳税识别号：911401058120934289　　开户行及账号：中国工商银行太原小店支行 0502121609202225488　　制单日期：2022年12月03日

编码	产品名称	规格	单位	单价	数量	金额	备注
CP002	数控机床		台	50000.00	3	150000.00	不含税价
合计	人民币（大写）：壹拾伍万元整					¥150000.00	

总经理：安东阳　　销售经理：李宁　　经手人：吴迪　　会计：李锐　　签收人：于洋

会计联

6—3/5

ICBC 中国工商银行

业务委托书 回执

APPLICATION FOR MONEY TRANSFER ACKNOWLEDGMENT

苏 00250587　　×

委托人全称	苏州安昆科技股份有限公司
委托人账号	0200002356487219763
收款人全称	山西机电制造有限公司
收款人账号	0502121609202225488
金额	¥6664.00
委托日期	2022.12.03

中国工商银行苏州市吴中支行
2022.12.03
办讫章
(01)

此联为银行受理通知书。若委托人申请汇票或本票业务，应凭此联领取汇票或本票。

This Paper is the bank acceptance advice. For draft or promissory note application, please return this paper.

6—4/5

ICBC　中国工商银行　凭证

NO 9874561223

转账发报录入

交易日期：2022-12-03　柜员号：01425　授权柜员：　交易代码：9500　交易流水号：11058237　支付交易序号：17126

委托人账号：0200002356487219763　金额：￥6664.00　凭证名称：2020版业务委托书　凭证号码：00250587

委托人名称：苏州安昆科技股份有限公司　收费负担方：汇款人付费

汇款人账号：0200002356487219763　收款人账号：0502121609202225488

汇款人名称：苏州安昆科技股份有限公司

收款人名称：山西机电制造有限公司

工作时间：15:23:52　报文类型：汇兑录入（CNT100）

（印章：中国工商银行苏州市吴中支行 2022.12.03 办讫章（01））

6—5/5

③ 中国工商银行 **收费通知**（缴费收据联）

2022年　12月　03日

付款单位名称	苏州安昆科技股份有限公司		账号	0200002356487219763						
结算内容	手续费	邮电费	类别	金额						
				千	百	十	元	角	分	
汇票	笔　元	笔　元								
汇兑	1 笔 3.00 元	1 笔 5.00 元	手续费			￥	3	0	0	
委托收款	笔　元	笔　元								
托收承付	笔　元	笔　元	邮电费			￥	5	0	0	
支票	笔　元	笔　元								
合计金额	人民币（大写）：捌元整		合计			￥	8	0	0	
备注：		银行公章								

（印章：中国工商银行苏州市吴中支行 2022.12.03 办讫章（01））

业务 7：7—1/6

1100182140　**江苏增值税专用发票**　№ 6097295234　1100182140　6097295234

此联不作报销、扣税凭证使用

开票日期：2022年12月04日

购买方	名称：广州市新林机电有限公司 纳税人识别号：914401142398172301 地址、电话：广州市花都区萧寨路91号 02127570877 开户行及账号：中国工商银行广州花都支行 3602021419200555486				密码区	3-65745<19458<3840481-0+45- 75/37503848*7>+>-2//5*343/3 >*8574567-7<8*3448*4509/3+3 3457<565>56-+565/677>57-+23		
货物或应税劳务、服务名称	规格型号	单位	数量	单价	金额	税率	税额	
数控机床		台	15	50000.00	750000.00	13%	97500.00	
合计					￥750000.00		￥97500.00	
价税合计（大写）	⊗捌拾肆万柒仟伍佰元整				（小写）￥847500.00			
销售方	名称：苏州安昆科技股份有限公司 纳税人识别号：913204111114185458 地址、电话：江苏省苏州市吴中区阳光东路88号 0512-36698877 开户行及账号：中国工商银行苏州市吴中支行 0200002356487219763				备注			

收款人：　复核：张天　开票人：刘伟　销售方：（章）

第一联：记账联　销售方记账凭证

税总函【XXXX】XXX号 XXXXXXXX公司

（印章：苏州安昆科技股份有限公司 913204111114185458 发票专用章）

7—2/6

销 售 单

购货单位：广州市新林机电有限公司　地址和电话：广州市花都区斋果路91号 02127570877　单据编号：XS6097295234

纳税识别号：914401142398172301　开户行及账号：中国工商银行广州花都支行 3602021419200555486　制单日期：2022年12月04日

编码	产品名称	规格	单位	单价	数量	金额	备注
CP002	数控机床		台	50000.00	15	750000.00	不含税价
合计	人民币（大写）：柒拾伍万元整					¥750000.00	

会计联

总经理：安东阳　销售经理：马琳　经手人：张璐　会计：李锐　签收人：张一民

7—3/6

4401182140

广东增值税专用发票

发票联

№ 000872135

4401182140
000872135

开票日期：2022年12月04日

购买方
名　　称：苏州安昆科技股份有限公司
纳税人识别号：91320411114185458
地址、电话：江苏省苏州市吴中区阳光东路88号 0512-36698877
开户行及账号：中国工商银行苏州市吴中支行 0200002356487219763

密码区
3-65745<19458<3840481-0+45-
75/37503848*7>+>-2//5*343/3
>*8574567-7<8*3448*4509/3+3
3457<565>56-+565/677>57-+23

货物或应税劳务、服务名称	规格型号	单位	数量	单价	金额	税率	税额
*运输服务*运输费用					3000.00	9%	270.00
合计					¥3000.00		¥270.00
价税合计（大写）	⊗叁仟贰佰柒拾元整				（小写）¥3270.00		

销售方
名　　称：广州航达货运有限公司
纳税人识别号：914401059821765323
地址、电话：广州市番禺区新四街89号 02056800022
开户行及账号：中国工商银行广州番禺支行0200342563500000786

备注

收款人：　复核：　开票人：张山　销售方：（章）

第三联：发票联　购买方记账凭证

税总函【XXXX】XXX号 XXXXXXXX公司

（印章：广州航达货运有限公司 914401059821765323 发票专用章）

7—4/6

ICBC 中国工商银行　凭证

NO 6894365

转账发报录入

交易日期：2022-12-04　柜员号：01425　授权柜员：　交易代码：9500　交易流水号：11061284　支付交易序号：17912

委托人账号：0200002356487219763　金额：¥3270.00　凭证名称：2020版业务委托书　凭证号码：00250936

委托人名称：苏州安昆科技股份有限公司　收费负担方：汇款人付费

汇款人账号：0200002356487219763　收款人账号：3602021413645364758

汇款人名称：苏州安昆科技股份有限公司

收款人名称：广州航达货运有限公司

工作时间：10:46:51　报文类型：汇兑录入（CNT100）

（印章：中国工商银行苏州市吴中支行 2022.12.04 办讫章 (04)）

7—5/6

ICBC 中国工商银行

业务委托书 回执

APPLICATION FOR MONEY TRANSFER ACKNOWLEDGEMENT

苏 00250936

委托人全称	苏州安昆科技股份有限公司
委托人账号	0200002356487219763
收款人全称	广州航达货运有限公司
收款人账号	3602021413645364758
金额	¥3270.00
委托日期	2022.12.04

中国工商银行苏州市吴中支行 2022.12.04 办讫章 (01)

此联为银行受理通知书。若委托人申请汇票或本票业务，应凭此联领取汇票或本票。

This Paper is the bank acceptance advice. For draft or promissory note application, please return this paper.

7—6/6

③ **中国工商银行 收费通知**（缴费收据联）

2022年　12月　04日

付款单位名称	苏州安昆科技股份有限公司		账号	0200002356487219763						
结算内容	手续费	邮电费	类别	千	百	十	元	角	分	
汇票	笔　元	笔　元								
汇兑	1 笔 3.00 元	1 笔 5.00 元	手续费			¥	3	0	0	
委托收款	笔　元	笔　元								
托收承付	笔　元	笔　元	邮电费			¥	5	0	0	
支票	笔　元	笔　元								
合计金额	人民币：（大写）捌元整		合计			¥	8	0	0	
备注：										

中国工商银行苏州市吴中支行 银行公章 2022.12.04 办讫章 (01)

业务8:8—1/2

1100182140　**北京增值税专用发票**　№ 60978674

1100182140
60978674

发票联

开票日期：2022年12月04日

购买方	
名　　称	苏州安昆科技股份有限公司
纳税人识别号	913204111114185458
地址、电话	江苏省苏州市吴中区阳光东路88号 0512-36698877
开户行及账号	中国工商银行苏州市吴中支行 0200002356487219763

密码区：
3-65745<19458<3840481-0+45-
75/37503848*7>+>-2//5*343/3
>*8574567-7<8*3448*4509/3+3
3457<565>/--+565/677>57<754

货物或应税劳务、服务名称	规格型号	单位	数量	单价	金额	税率	税额
*黑色金属*钢		吨	28	3000.00	84000.00	13%	10920.00
合　计					¥84000.00		¥10920.00
价税合计（大写）	⊗玖万肆仟玖佰贰拾元整				（小写）¥94920.00		

销售方	
名　　称	长江钢铁集团有限公司
纳税人识别号	911101069823651290
地址、电话	北京市丰台区丰北桥1号 01019207813
开户行及账号	中国工商银行北京丰益桥支行 0200342563542872901

备注：长江钢铁集团有限公司 911101069823651290 发票专用章

收款人：　　复核：　　开票人：张离　　销售方：（章）

第三联：发票联　购买方记账凭证

8—2/2

1101182140　　北京增值税专用发票　　№ 10087235　　1101182140　10087235

开票日期：2022年12月04日

购买方	名　　称：苏州安昆科技股份有限公司 纳税人识别号：91320411114185458 地址、电话：江苏省苏州市吴中区阳光东路88号 0512-36698877 开户行及账号：中国工商银行苏州市吴中支行 0200002356487219763	密码区	3-65745<19458<3840481-0+45- 75/37503848*7>+>-2//5*343/3 >*8574567-7<8*3448*4509/3+3 3457<565>56-+565/677>57-+23

货物或应税劳务、服务名称	规格型号	单位	数量	单价	金额	税率	税额
*运输服务*运输费用					5000.00	9%	450.00
合　　计					¥5000.00		¥450.00
价税合计（大写）	⊗伍仟肆佰伍拾元整				（小写）¥5450.00		

销售方	名　　称：北京永源货运有限公司 纳税人识别号：911101066576846390 地址、电话：北京市东城区丰盛东路998号 01066328211 开户行及账号：交通银行北京东城支行 020034546553312245311	备注	

收款人：　　复核：　　开票人：曾卫鹏　　销售方：（章）

第三联：发票联　购买方记账凭证

（印章：北京永源货运有限公司 911101066576846390 发票专用章）

业务 9：9—1/1

借款借据（收账通知）

借款日期 *2022年12月05日*　　借据编号 *20220153*

收款单位	名称	苏州安昆科技股份有限公司	付款单位	名　称	苏州安昆科技股份有限公司
	开户账号	*0200002356487219763*		放款户账号	*0200002356487219763*
	开户银行	中国工商银行苏州市吴中支行		开户银行	中国工商银行苏州市吴中支行
借款金额	人民币（大写）	壹拾伍万元整		千百十万千百十元角分	¥15000000
借款原因及用途	资金周转		借款期限	2022.12.05-2023.12.04	

你单位上列借款，已转入你单位结算户内。

（印章：中国工商银行苏州市吴中支行 2022.12.05 办讫章（银行盖章））

此联退还借款单位

业务 10：10—1/2

ICBC 中国工商银行　凭证

中国工商银行电子缴税付款凭证　　No 022530510

转账日期：2022年　12月　05日　　凭证字号：022530510

纳税人全称及纳税人识别号：苏州安昆科技股份有限公司 91320411114185458

付款人全称：苏州安昆科技股份有限公司

付款人账号：0200002356487219763　　征收机关名称：国家税务总局苏州市吴中区税务局

付款人开户银行：中国工商银行苏州市吴中支行　　收款国库（银行）名称：苏州市吴中区金库

小写（合计）金额：¥25980.00　　缴款书交易流水号：W000202202503045

大写（合计）金额：贰万伍仟玖佰捌拾元整　　税票号码：

税（费）种名称	所属日期	实缴金额
城市维护建设税（增值税）	20221101-20221130	15155.00
教育费附加（增值税）	20221101-20221130	6495.00
地方教育附加（增值税）	20221101-20221130	4330.00

（印章：中国工商银行苏州市吴中支行 2022.12.05 办讫章（01））

第　1　次打印　　打印时间：2022-12-05

（1405公分×21公分）　第二联　作付款回单（无银行收讫章无效）　　复核：　　记账：

10—2/2

ICBC 中国工商银行 凭 证

中国工商银行电子缴税付款凭证 No 022530511

转账日期：2022年 12月 05日 凭证字号：022530511

纳税人全称及纳税人识别号：苏州安昆科技股份有限公司 91320411114185458

付款人全称：苏州安昆科技股份有限公司
付款人账号：0200002356487219763 征收机关名称：国家税务总局苏州市吴中区税务局
付款人开户银行：中国工商银行苏州市吴中支行 收款国库（银行）名称：苏州市吴中区金库
小写（合计）金额：￥316669.73 缴款书交易流水号：W000202202503044
大写（合计）金额：叁拾壹万陆仟陆佰陆拾[illegible] 税票号码：

税（费）种名称	所属日期	实缴金额
增值税	20221101-20221130	216500.00
企业所得税	20221101-20221130	99106.70
个人所得税	20221101-20221130	424.78
印花税	20221101-20221130	638.25

中国工商银行苏州市吴中支行 2022.12.05 办讫章 (01)

第 1 次打印 打印时间：2022-12-05

（1405公分×21公分） 第二联 作付款回单（无银行收讫章无效） 复核： 记账：

业务 11：11—1/7

固定资产报废单

2022年 12月 05日 凭证编号：3154620

固定资产名称及编号	规格型号	单位	数量	购买日期	已计提折旧月数	原始价值	已提折旧	备注
机器设备-钻床		台	1	2020年12月	24	87000.00	16704.00	
固定资产状况及报废原因	设备老化，工作效率低，消耗大于生产，维修成本太高，建议出售。							
处理意见	使用部门		技术鉴定小组		固定资产管理部门		主管部门审批	
	同意 王联		同意 蔡晓涛		同意 林林		同意 安东阳	

审核：张天 制单：李锐

11—2/7

1101182140 北京增值税专用发票 № 123096189 1101182140 123096189

开票日期：2022年12月05日

购买方	名称：苏州安昆科技股份有限公司 纳税人识别号：91320411114185458 地址、电话：江苏省苏州市吴中区阳光东路88号 0512-36698877 开户行及账号：中国工商银行苏州市吴中支行 0200002356487219763	密码区	3-65745<19458<3840481-0+45- 75/37503848*7>+>-2//5*343/3 >*8574567-7<8*3448*4509/3+3 3457<565>56-+565/677>57-+23

货物或应税劳务、服务名称	规格型号	单位	数量	单价	金额	税率	税额
*物流辅助服务*搬运费					2000.00	6%	120.00
合计					￥2000.00		￥120.00
价税合计（大写）	⊗贰仟壹佰贰拾元整				（小写）￥2120.00		

销售方	名称：北京洪兴搬运有限公司 纳税人识别号：911101011261093067 地址、电话：北京市东城区北一环东路66号 01066328200 开户行及账号：中国工商银行北京东城支行0200002725485555887	备注	

收款人： 复核： 开票人：吴磊 销售方：（章）

北京洪兴搬运有限公司 911101011261093067 发票专用章

第三联：发票联 购买方记账凭证

11—3/7

交通银行
转账支票存根
10209810
00023328

上海金达证券印制有限公司·2011年印制

附加信息

出票日期 2022 年 12 月 05 日

收款人： 北京洪兴搬运有限公	
金　额： ¥2120.00	
用　途： 清理费用	

单位主管 林林　会计 张天

11—4/7

交通银行　进账单（回　单）　1

2022年　12月　05日

出票人	全　称	苏州安昆科技股份有限公司	收款人	全　称	北京洪兴搬运有限公司
	账　号	02023478451254872		账　号	0200002725485555887
	开户银行	交通银行苏州市吴中支行		开户银行	中国工商银行北京东城支行
金额	人民币（大写）贰仟壹佰贰拾元整			亿 千 百 十 万 千 百 十 元 角 分	¥ 2 1 2 0 0 0
票据种类	转账支票	票据张数	1		
票据号码	02233128				
	复核　记账			开户银行签章	

交通银行苏州吴中支行 2022.12.05 办讫 (02)

8.5×17.5公分　交9 角宜印刷 0512-65011866

此联是开户银行交给持票人的回单

11—5/7

1100182140　　**江苏增值税专用发票**　　№ 609729557　1100182140 609729557

此联不作报销、扣税凭证使用

开票日期：2022年12月05日

购买方	名　　称：苏州市石头物资有限公司 纳税人识别号：911101089836751412 地 址、电 话：苏州市吴中区南京路56号 01092007559 开户行及账号：中国建设银行苏州吴中支行 110010166000535544487	密码区	3-65745<19458<3840481-0+45- 75/37503848*7>+>-2//5*343/3 >*8574567-7<8*3448*4009/3+3 3457<565>56-+565/677>57<754

货物或应税劳务、服务名称	规格型号	单位	数量	单价	金额	税率	税额
*机床*钻床		台	1	50000.00	50000.00	13%	6500.00
合　计							¥6500.00
价税合计（大写）	⊗伍万陆仟伍佰元整				（小写）		¥[illegible]00.00

销售方	名　　称：苏州安昆科技股份有限公司 纳税人识别号：91320411114185458 地 址、电 话：江苏省苏州市吴中区阳光东路88号 0512-36698877 开户行及账号：中国工商银行苏州市吴中支行 0200002356487219763	备注	苏州安昆科技股份有限公司 91320411114185458 发票专用章

收款人：　　复核：李锐　　开票人：张天　　销售方：（章）

税总函【XXXX】XXX号 XXXXXXX公司

第一联：记账联　销售方记账凭证

11—6/7

交通银行　进账单（收账通知）　3

2022年　12月　05日

出票人	全　称	苏州市石头物资有限公司	收款人	全　称	苏州安昆科技股份有限公司
	账　号	110010166000535554487		账　号	02023478451254872
	开户银行	中国建设银行苏州吴中支行		开户银行	交通银行苏州市吴中支行
金额	人民币（大写）	伍万陆仟伍佰元整		亿千百十万千百十元角分	¥ 5 6 5 0 0 0 0
票据种类	转账支票	票据张数	1		
票据号码	000126300				
	复核　记账			开户银行签章	

交通银行苏州吴中支行　2022.12.05　办讫（01）

8.5×17.5公分　交9　角店印刷 0512-6501866

此联是收款人开户银行交给收款人的收账通知

11—7/7

固定资产报废损失处置报告

现有2020年12月投入使用的钻床一台，因无法正常使用且维修费过高，故清理出售，出售后将其相关清理损失按会计核算结果全额计入资产处置损益。

财务经理：马琳

总经理：安东阳

苏州安昆科技股份有限公司

2022年12月05日

（印章：苏州安昆科技股份有限公司）

业务12：12—1/3

北京增值税专用发票

1100182140　№ 118923144　1100182140　118923144

开票日期：2022年12月06日

购买方	名　　称：苏州安昆科技股份有限公司 纳税人识别号：91320411114185458 地 址、电 话：江苏省苏州市吴中区阳光东路88号 0512-36698877 开户行及账号：中国工商银行苏州市吴中支行 0200002356487219763	密码区	3-65745<19-+58<384/-04><810 75/37503848*7>+>-2//535667- >*8574567-7<8*/78-+454>4545 257-+565/568-+*33/++52411-+

货物或应税劳务、服务名称	规格型号	单位	数量	单价	金额	税率	税额
*广告服务*广告费					30000.00	6%	1800.00
合　计					¥30000.00		¥1800.00
价税合计（大写）	⊗叁万壹仟捌佰元整				（小写）¥31800.00		

销售方	名　　称：北京市天语广告有限公司 纳税人识别号：911101081750369934 地 址、电 话：北京市海淀区南京路12号 01092007561 开户行及账号：中国建设银行北京海淀支行 110010166002548879658	备注	（印章：北京市天语广告有限公司 911101081750369934 发票专用章）

收款人：　　复核：　　开票人：王吴　　销售方：（章）

第三联：发票联　购买方记账凭证

税总函【XXXX】XXX号 XXXXXXX公司

12—2/3

ICBC 中国工商银行　　进账单（回　单）2

2022 年　12 月　06 日　　№01365463

出票人	全　称	苏州安昆科技股份有限公司	收款人	全　称	北京市天语广告有限公司
	账　号	0200002356487219763		账　号	11001016600254879658
	开户银行	中国工商银行苏州市吴中支行		开户银行	中国建设银行北京海淀支行
金额	人民币（大写）	叁万壹仟捌佰元整		亿千百十万千百十元角分	￥3180000
票据种类	转账支票	票据张数	1		
票据号码	00480863				
复核：	记账：			开户银行签章	

中国工商银行苏州市吴中支行　2022.12.06　业务受理章　(01)

175×85mm　GH 068011

此联是开户银行交给持（出）票人的回单

12—3/3

工商银行
转账支票存根
10209810
00480863

附加信息

出票日期 2022 年 12 月 06 日

收款人：北京市天语广告有限

金　额：￥31800.00

用　途：广告费

单位主管 安东　会计 张天

上海金达证券印刷有限公司·2011年印制

业务 13：13—1/3

银行汇票　2　87901120　58792082

出票日期（大写）　贰零贰贰年　壹拾壹月　贰拾玖日

代理付款行：中国工商银行太原大浦支行　　行号：102100009784

收款人：山西鸿运轴承销售有限公司		050212160920221876543
出票金额	人民币（大写）肆万陆仟元整	￥46000.00
实际结算金额	人民币（大写）	亿千百十万千百十元角分

申请人：苏州安昆科技股份有限公司　　账号：0200002356487219763

出票行：中国工商银行苏州市吴中支行　行号：102100061254　　密押：

备　注：

凭票付款　　　　多余金额　千百十万千百十元角分

出票行签章　　　　复核　　记账

苏州安昆科技股份有限公司　财务专用章　　陌安印东

提示付款期限自出票之日起壹个月

此联代理付款行付款后作联行往账借方凭证附件

13—2/3

1401182140

山西增值税专用发票

发票联

№ 609775831　　1401182140　609775831

开票日期：2022年12月06日

购买方	名　　称：苏州安昆科技股份有限公司 纳税人识别号：91320411114185458 地址、电话：江苏省苏州市吴中区阳光东路88号 0512-36698877 开户行及账号：中国工商银行苏州市吴中支行 0200002356487219763	密码区	3-65745<19458<3840481-0+45- 75/3750-<>8*7>+>-2//5*343/3 >*8574567-7<8*3448*4509/3+3 3457<565>56-+565/677>57<754

货物或应税劳务、服务名称	规格型号	单位	数量	单价	金额	税率	税额
*轴承*轴承	Q123	套	100	340.00	34000.00	13%	4420.00
合　　计					¥34000.00		¥4420.00
价税合计（大写）	⊗叁万捌仟肆佰贰拾元整				（小写）¥38420.00		

销售方	名　　称：山西鸿运轴承销售有限公司 纳税人识别号：9114010538123498754 地址、电话：山西省太原市大浦区安阳路198号 0351-98756841 开户行及账号：中国工商银行太原大浦支行 050212160920221876543	备注	

收款人：　　复核：　　开票人：张缇　　销售方：（章）

（印章：山西鸿运轴承销售有限公司 911401053894217623 发票专用章）

税总函【XXXX】XXX号 XXXXXXXX公司

第三联：发票联　购买方记账凭证

13—3/3

1401182140

山西增值税专用发票

发票联

№ 091087109　　1401182140　091087109

开票日期：2022年12月06日

购买方	名　　称：苏州安昆科技股份有限公司 纳税人识别号：91320411114185458 地址、电话：江苏省苏州市吴中区阳光东路88号 0512-36698877 开户行及账号：中国工商银行苏州市吴中支行 0200002356487219763	密码区	3-65745<19458<3840481-0+45- 75/37503848*7>+>-2//5*343/3 >*8574567-7<8*3448*4509/3+3 3457<565>56-+565/677>57-+23

货物或应税劳务、服务名称	规格型号	单位	数量	单价	金额	税率	税额
*运输服务*运输费用					4000.00	9%	360.00
合　　计					¥4000.00		¥360.00
价税合计（大写）	⊗肆仟叁佰陆拾元整				（小写）¥4360.00		

销售方	名　　称：山西永达货运有限公司 纳税人识别号：911401053894223967 地址、电话：山西西城区宜爱路123号 034963504580 开户行及账号：交通银行山西西城支行 110017252025425580022	备注	

收款人：　　复核：　　开票人：张国　　销售方：（章）

（印章：山西永达货运有限公司 911401053894223967 发票专用章）

税总函【XXXX】XXX号 XXXXXXXX公司

第三联：发票联　购买方记账凭证

业务 14：14—1/4

固定资产报废单

2022年 12月 06日　　　　凭证编号：15463

固定资产名称及编号	规格型号	单位	数量	购买日期	已计提折旧月数	原始价值	已提折旧	备注
机器设备-磨齿机		台	1	2020年12月	24	39000.00	7488.00	
固定资产状况及报废原因	闲置未用，建议出售							
处理意见	使用部门		技术鉴定小组		固定资产管理部门		主管部门审批	
	同意　杨勇		同意　白新		同意　林郁		同意　安东阳	

审核：张天　　制单：刘璐

14—2/4

1100182140

江苏增值税专用发票

№ 60972959

1100182140
60972959

此联不作报销、扣税凭证使用

开票日期：2022年12月06日

购买方	名称：苏州市清远物资有限公司 纳税人识别号：911101089836751412 地址、电话：苏州市相城区南京路56号 051092007559 开户行及账号：中国建设银行苏州相城支行 11001016600053554487			密码区	3-65745<19458<3840481-0+45- 75/37503848*7>+>-2//5*343/3 >*8574567-7<8*3448*4509/3+3 3-+7<565>56-+565/677>57<754		
货物或应税劳务、服务名称	规格型号	单位	数量	单价	金额	税率	税额
*机床*磨齿机		台	1	33000.00	33000.00	13%	4290.00
合计					¥33000.00		¥4290.00
价税合计（大写）	⊗叁万柒仟贰佰玖拾元整				（小写）¥37290.00		
销售方	名称：苏州安昆科技股份有限公司 纳税人识别号：91320411114185458 地址、电话：江苏省苏州市吴中区阳光东路88号 0512-36698877 开户行及账号：中国工商银行苏州市吴中支行 0200002356487219763			备注			

收款人：　　复核：　　开票人：陆涛　　销售方：（章）

苏州安昆科技股份有限公司 91320411114185458 发票专用章

第一联：记账联　销售方记账凭证

税总函【XXXX】XXX号 XXXXXXXX公司

14—3/4

ICBC 中国工商银行　进账单（收方通知）3

2022年 12月 06日

№01361143

出票人	全称	苏州市清远物资有限公司	收款人	全称	苏州安昆科技股份有限公司
	账号	11001016600053554487		账号	0200002356487219763
	开户银行	中国建设银行苏州相城支行		开户银行	中国工商银行苏州市吴中支行
金额	人民币（大写）	叁万柒仟贰佰玖拾元整		亿千百十万千百十元角分	¥3729000
票据种类	转账支票	票据张数	1		
票据号码	74851321				
复核：　记账：				收款人开户银行签章	

中国工商银行苏州市吴中支行 2022.12.06 办讫章 (01)

此联是收款人开户银行交给收款人的收账通知

175×85mm　GH 088011

14—4/4

固定资产出售收益处置报告

现有2020年12月投入使用的机器设备-磨齿机一台，因闲置未用，故清理出售，出售后将其相关清理收益计入资产处置损益。

财务经理：马琳

总经理：安东阳

苏州安昆科技股份有限公司

2022年12月06日

业务 15:15—1/1

1401182140　山西增值税专用发票　№ 63546251　1401182140 63546251

销项负数

开票日期：2022年12月07日

购买方	名　　称：苏州安昆科技股份有限公司 纳税人识别号：91320411114185458 地址、电话：江苏省苏州市吴中区阳光东路88号 0512-36698877 开户行及账号：中国工商银行苏州市吴中支行 0200002356487219763	密码区	3-65745<19458<3840481-0+45- 75/37503848*7>+>-2//5*343/3 >*8>24567-7<8*3448*4509/3+3 3457<565>56-+565/677>57<754

货物或应税劳务、服务名称	规格型号	单位	数量	单价	金额	税率	税额
*轴承*轴承		套	-400	300.00	-120000.00	13%	-15600.00
合　　计					¥-120000.00		¥-15600.00
价税合计（大写）	⊗（负数）壹拾叁万伍仟陆佰元整				（小写）¥-135600.00		

销售方	名　　称：山西鸿运轴承销售有限公司 纳税人识别号：911401053894217623 地址、电话：山西省太原市小店区平阳路198号 03515781031 开户行及账号：中国工商银行太原小店支行 0502121609200225555	备注	

收款人：　复核：　开票人：张田　销售方：（章）

第三联：发票联　购买方记账凭证

（印章：山西鸿运轴承销售有限公司 911401053894217623 发票专用章）

业务 16:16—1/2

1100182650　江苏增值税专用发票　№ 024952480　1100182650 024952480

此联不作报销、扣税凭证使用

开票日期：2022年12月07日

购买方	名　　称：北京市机床经销有限公司 纳税人识别号：911101010917265589 地址、电话：北京市东城区北三环西路23号 01087882200 开户行及账号：中国工商银行北京东城支行 0200002725485227758	密码区	03*3187<4/+8490<+95-59+7<243 4987<0-->>-6>525<693719->7*7 87*3187<4/+8490<+95708681380 9<712/<1+9016>6906++>84>93/-

货物或应税劳务、服务名称	规格型号	单位	数量	单价	金额	税率	税额
*经营租赁*仓库租金					8400.00	9%	756.00
合　　计					¥8400.00		¥756.00
价税合计（大写）	⊗玖仟壹佰伍拾陆元整				（小写）¥9156.00		

销售方	名　　称：苏州安昆科技股份有限公司 纳税人识别号：91320411114185458 地址、电话：江苏省苏州市吴中区阳光东路88号 0512-36698877 开户行及账号：中国工商银行苏州市吴中支行 0200002356487219763	备注	

收款人：　复核：　开票人：王演　销售方：（章）

第一联：记账联　销售方记账凭证

（印章：苏州安昆科技股份有限公司 91320411114185458 发票专用章）

16—2/2

ICBC 中国工商银行　进账单（收方通知）3

2022 年 12 月 07 日　№ 01302416

出票人	全　称	北京市机床经销有限公司	收款人	全　称	苏州安昆科技股份有限公司
	账　号	0200002725485227758		账　号	0200002356487219763
	开户银行	中国工商银行北京东城支行		开户银行	中国工商银行苏州市吴中支行
金额	人民币（大写）	玖仟壹佰伍拾陆元整		亿千百十万千百十元角分	¥915600
票据种类	转账支票	票据张数	1		
票据号码	0037001				

复核：　记账：　收款人开户银行签章

此联是收款人开户银行交给收款人的收账通知

（印章：中国工商银行苏州市吴中支行 2022.12.07 办讫章 (01)）

175×85mm　GH 08011

业务 17:17—1/6

差旅费报销单

2022年 12月 07日

所属部门	采购部	姓名	刘海	出差天数	自 12月 05日至 12月 07日共 3天
出差事由	采购材料	借旅支费	日期 11月28日	金额 ¥ 2000.00	结算金额:¥ 1358.00

出发		到达		起止地点	交通费	住宿费	伙食费	其他
月	日	月	日					
12	05	12	05	苏州-北京	384.00	318.00	272.00	
12	07	12	07	北京-苏州	384.00			
合计				零拾 零万 壹仟 叁佰 伍拾 捌元 零角 零分 ¥ 1358.00				

总经理：安东阳 财务经理：马琳 部门经理：陈天 会计：张瑞 出纳：李四 报销人：刘海

17—2/6

Y0632123 检票口18

苏州 站 T701次 北京 站

Suzhou Beijing

2022年 12月 05日 09:45开 14 车 25号

¥384.00 元 网 二等座

限乘当日当次车

1102121980****9110 刘海

买票请到12306发货请到95306

中国铁路祝您旅途愉快

10010000820825C007496 苏州售

17—3/6

Y0632472 检票口01

北京 站 T702次 苏州 站

Beijing Suzhou

2022年 12月 07日 07:47开 05 车 42号

¥384.00 元 网 二等座

限乘当日当次车

1102121980****9110 刘海

买票请到12306发货请到95306

中国铁路祝您旅途愉快

10010000820825C007496 北京售

17—4/6

3100111862650　　北京增值税普通发票　　3100111862650

№ 0243514256　　0243514256

校验码 56870 65468 94136 16581　　开票日期：2022年12月07日

购买方	名　　称：苏州安昆科技股份有限公司 纳税人识别号：91320411114185458 地 址、电 话：江苏省苏州市吴中区阳光东路88号 0512-36698877 开户行及账号：中国工商银行苏州市吴中支行 0200002356487219763	密码区	03*3187<4/+8490<+95-59+7<243 4987<0-->>-6>525<693719->7*7 87*3187<4/+8490<+95708681380 9<712/<1+9016>6906++>84>93/-

货物或应税劳务、服务名称	规格型号	单位	数量	单价	金额	税率	税额
*餐饮服务*餐费					256.60	6%	15.40
合　　计					￥256.60		￥15.40
价税合计（大写）	⊗贰佰柒拾贰元整				（小写）￥272.00		

销售方	名　　称：红星大酒店 纳税人识别号：913101081130318201 地 址、电 话：北京市西城区新三路90号D栋 02187952124 开户行及账号：交通银行北京西城支行 110017292025425589100	备注	

收款人：　　复核：　　开票人：袁野　　销售方：（章）

第二联：发票联　购买方记账凭证

红星大酒店 913101081130318201 发票专用章

17—5/6

3100182650　　北京增值税专用发票　　3100182650

№ 124514245　　124514245

开票日期：2022年12月07日

购买方	名　　称：苏州安昆科技股份有限公司 纳税人识别号：91320411114185458 地 址、电 话：江苏省苏州市吴中区阳光东路88号 0512-36698877 开户行及账号：中国工商银行苏州市吴中支行 0200002356487219763	密码区	03*3187<4/+8490<+95-59+7<24349 87<0-->>-6>525<693719->7*787*3 187<4/+8490<+957086813809<712/ <1+9016>6906++>84>

货物或应税劳务、服务名称	规格型号	单位	数量	单价	金额	税率	税额
*住宿服务*住宿费					300.00	6%	18.00
合　　计					￥300.00		￥18.00
价税合计（大写）	⊗叁佰壹拾捌元整				（小写）￥318.00		

销售方	名　　称：红星大酒店 纳税人识别号：913101081130318201 地 址、电 话：北京市西城区新三路90号D栋 02187952124 开户行及账号：交通银行北京西城支行 110017292025425589100	备注	

收款人：　　复核：　　开票人：袁野　　销售方：（章）

第三联：发票联　购买方记账凭证

红星大酒店 913101081130318201 发票专用章

17—6/6

收　款　收　据

NO.00490021

2022年12月07日

今　收　到 采购部刘海

交　来：预借差旅费余款　　现金收讫

金额（大写）　零拾　零万　零仟　陆佰　肆拾　贰元　零角　零分

￥ 642.00　　☑ 现金　☐ 支票　☐ 信用卡　☐ 其他　　收款单位（盖章）

苏州安昆科技股份有限公司 财务专用章

核准王漓　会计张瑞　记账张司　出纳李新　经手人刘海

第三联交财务

业务 18:18—1/1

银行汇票（多余款收账通知）　4　　87901120　58792082

提示付款期限自出票之日起壹个月

出票日期（大写）　贰零贰贰年　壹拾壹月　贰拾玖日

代理付款行：中国工商银行太原小店支行　　行号：102100009980

收款人：山西鸿运轴承销售有限公司　　0502121609200225555

出票金额	人民币（大写）[redacted]	¥46000.00										
实际结算金额	人民币（大写）肆万贰仟柒佰捌拾元整	亿	千	百	十	万	千	百	十	元	角	分
					¥	4	2	7	8	0	0	0

申请人：苏州安昆科技股份有限公司　　账号：0200002356487219763

出票行：中国工商银行苏州市吴中支行　　行号：102100061254

备注：

出票行签章　（中国工商银行苏州市吴中支行 2022.12.08 办讫章 (01)）

密押：

多余金额									
千	百	十	万	千	百	十	元	角	分
			¥	3	2	2	0	0	0

左列退回多余金额已收入你账户内。

2022年　12月　08日

此联出票行作多余款后交申请人

业务 19:19—1/3

4100182140　　**河南增值税专用发票**　　№ 37583617　　4100182140　37583617

发票联　　开票日期：2022年12月08日

购买方	名　　称：苏州安昆科技股份有限公司 纳税人识别号：91320411114185458 地 址、电 话：江苏省苏州市吴中区阳光东路88号 0512-36698877 开户行及账号：中国工商银行苏州市吴中支行 0200002356487219763	密码区	3-65745<19458<3840481-0+45- 75/3750-+48*7>+>-2//5*343/3 >*8574567-7<8*3448*4509/3+3 3457<565>56-+565/677>57<754

货物或应税劳务、服务名称	规格型号	单位	数量	单价	金额	税率	税额
*煤炭*煤		吨	280	175.00	49000.00	13%	6370.00
合　　计					¥49000.00		¥6370.00
价税合计（大写）	⊗伍万伍仟叁佰柒拾元整				（小写）¥55370.00		

销售方	名　　称：河南安阳物资有限公司 纳税人识别号：914105028732109823 地 址、电 话：河南省安阳市文峰大道19号 037263982992 开户行及账号：中国工商银行安阳迎宾支行 1702673265428719827	备注	（河南安阳物资有限公司 914105028732109823 发票专用章）

收款人：　　复核：　　开票人：叶彦　　销售方：（章）

第三联：发票联　购买方记账凭证

19—2/3

4101182140　　**河南增值税专用发票**　　№ 00180235　　4101182140　00180235

发票联　　开票日期：2022年12月08日

购买方	名　　称：苏州安昆科技股份有限公司 纳税人识别号：91320411114185458 地 址、电 话：江苏省苏州市吴中区阳光东路88号 0512-36698877 开户行及账号：中国工商银行苏州市吴中支行 0200002356487219763	密码区	3-65745<19458<3840481-0+45- 75/37503848*7>+>-2//5*343/3 >*8574567-7<8*3448*4509/3+3 3457<565>56-+565/677>57-+23

货物或应税劳务、服务名称	规格型号	单位	数量	单价	金额	税率	税额
*运输服务*运输费用					7000.00	9%	630.00
合　　计					¥7000.00		¥630.00
价税合计（大写）	⊗柒仟陆佰叁拾元整				（小写）¥7630.00		

销售方	名　　称：河南银河货运有限公司 纳税人识别号：914105260801123478 地 址、电 话：河南省安阳市文峰大道89号 037263982003 开户行及账号：中国工商银行安阳迎宾支行 1702673265428719800	备注	（河南银河货运有限公司 914105260801123478 发票专用章）

收款人：　　复核：　　开票人：高洁　　销售方：（章）

第三联：发票联　购买方记账凭证

19—3/3

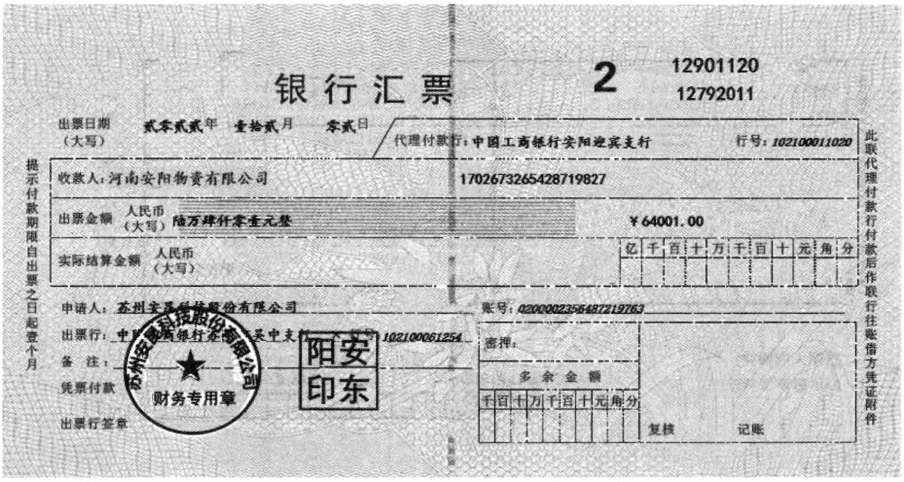

银行汇票　2　12901120　12792011

出票日期（大写）　贰零贰贰年　壹拾贰月　零贰日　　代理付款行：中国工商银行安阳迎宾支行　行号：102100011020

收款人：河南安阳物资有限公司　1702673265428719827

出票金额　人民币（大写）陆万肆仟零壹元整　¥64001.00

实际结算金额　人民币（大写）

亿	千	百	十	万	千	百	十	元	角	分

申请人：苏州安昆科技股份有限公司　账号：0200002356487219763

出票行：中国工商银行苏州吴中支行　行号：102100061254

备　注：

凭票付款

出票行签章

密押：

多余金额

千	百	十	万	千	百	十	元	角	分

复核　记账

提示付款期限自出票之日起壹个月

此联代理付款行付款后作联行往账借方凭证附件

苏州安昆科技股份有限公司 财务专用章　阳安 印东

业务 20：20—1/3

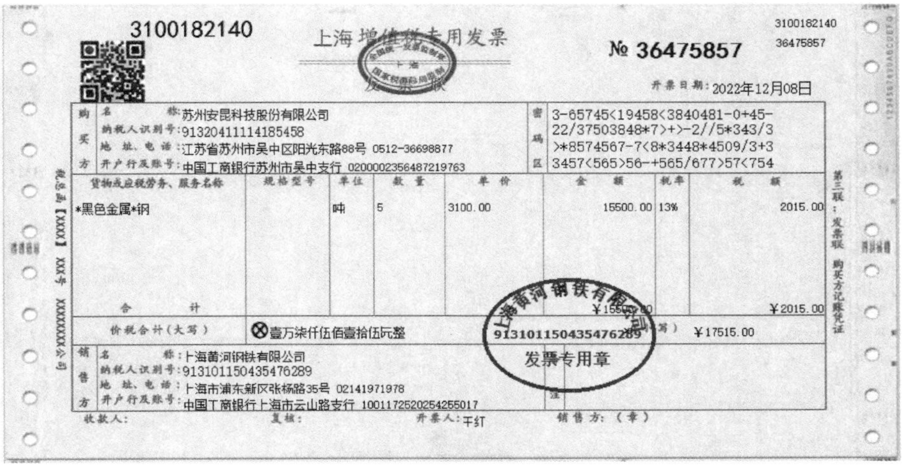

3100182140　上海增值税专用发票　№ 36475857　3100182140　36475857

发票联　开票日期：2022年12月08日

购买方	名称：苏州安昆科技股份有限公司 纳税人识别号：913204111141856458 地址、电话：江苏省苏州市吴中区阳光东路88号 0512-36698877 开户行及账号：中国工商银行苏州市吴中支行 0200002356487219763	密码区	3-65745<19458<3840481-0+45- 22/37503848*7>+>-2//5*343/3 >*8574567-7<8*3448*4509/3+3 3457<565>56-+565/677>57<754

货物或应税劳务、服务名称	规格型号	单位	数量	单价	金额	税率	税额
*黑色金属*钢		吨	5	3100.00	15500.00	13%	2015.00
合　计					¥15500.00		¥2015.00
价税合计（大写）	⊗壹万柒仟伍佰壹拾伍元整				（小写）¥17515.00		

销售方	名称：上海黄河钢铁有限公司 纳税人识别号：91310115043547628 9 地址、电话：上海市浦东新区张杨路35号 02141971978 开户行及账号：中国工商银行上海市云山路支行 1001172520254255017	备注	

收款人：　复核：　开票人：王红　销售方：（章）

第三联：发票联　购买方记账凭证

上海黄河钢铁有限公司 913101150435476289 发票专用章

20—2/3

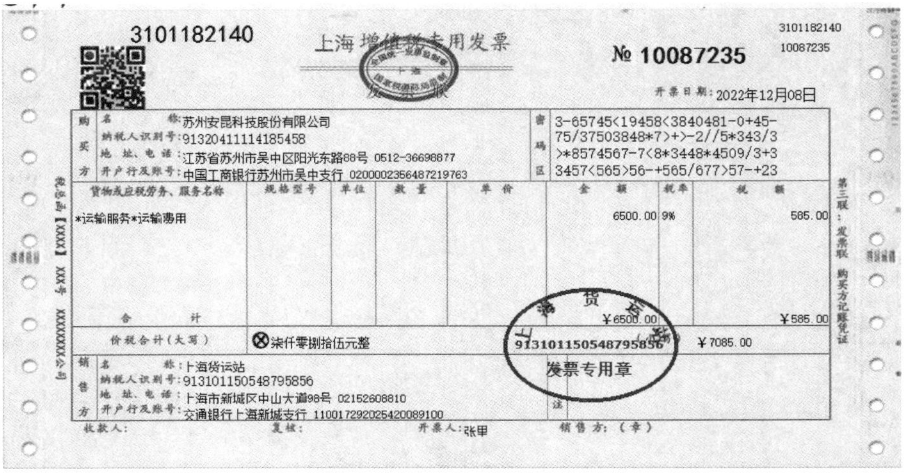

3101182140　上海增值税专用发票　№ 10087235　3101182140　10087235

发票联　开票日期：2022年12月08日

购买方	名称：苏州安昆科技股份有限公司 纳税人识别号：913204111141856458 地址、电话：江苏省苏州市吴中区阳光东路88号 0512-36698877 开户行及账号：中国工商银行苏州市吴中支行 0200002356487219763	密码区	3-65745<19458<3840481-0+45- 75/37503848*7>+>-2//5*343/3 >*8574567-7<8*3448*4509/3+3 3457<565>56-+565/677>57-+23

货物或应税劳务、服务名称	规格型号	单位	数量	单价	金额	税率	税额
*运输服务*运输费用					6500.00	9%	585.00
合　计					¥6500.00		¥585.00
价税合计（大写）	⊗柒仟零捌拾伍元整				（小写）¥7085.00		

销售方	名称：上海货运站 纳税人识别号：913101150548795856 地址、电话：上海市新城区中山大道98号 02152608810 开户行及账号：交通银行上海新城支行 110017292025420089100	备注	

收款人：　复核：　开票人：张甲　销售方：（章）

第三联：发票联　购买方记账凭证

上海货运站 913101150548795856 发票专用章

20—3/3

工商银行电子汇划收款回单

2022 年12 月08 日　　流水号：001637485726

付款人	全　称	苏州安昆科技股份有限公司	收款人	全　称	苏州安昆科技股份有限公司
	账　号	913101150435471234		账　号	0200002356487219763
	开户行	中国工商银行上海云山路支行		开户行	中国工商银行苏州市吴中支行
金额	（大写）柒仟肆佰元整	×		￥7400.00	
用途	收多余款				

备注：

汇划日期：20221208　　汇划流水号：001637485726

汇出行行号：　　原凭证种类：234009

原凭证号码：　　原凭证金额：￥74

汇款人地址：

收款人地址：

实际收款人账号：0200002356487219763

实际收款人名称：苏州安昆科技股份有限公司

中国工商银行苏州市吴中支行 2022.12.08 办讫章 (01)

银行盖章

业务 21:21—1/1

银行汇票（多余款收账通知）**4**　　87901120　58792082

提示付款期限自出票之日起壹个月

出票日期（大写）：贰零贰贰年 壹拾贰月 零贰日

代理付款行：中国工商银行安阳迎宾支行　　行号：102100011020

收款人：河南安阳物资有限公司　　1702673265428719827

出票金额　人民币（大写）陆万肆仟零壹元整　　￥64001.00

实际结算金额　人民币（大写）陆万叁仟元整

亿	千	百	十	万	千	百	十	元	角	分
			￥	6	3	0	0	0	0	0

申请人：苏州安昆科技股份有限公司　　账号：0200002356487219763

出票行：中国工商银行苏州市吴中支行　　行号：102100061254

备　注：

出票行签章

中国工商银行苏州市吴中支行 2022.12.08 办讫章 (01)

2022年 12月 08日

密押：

多余金额

千	百	十	万	千	百	十	元	角	分
			￥	1	0	0	1	0	0

左列退回多余金额已收入你账户内。

此联出票行作多余款后交申请人

业务 22:22—1/1

工商银行电子汇划收款回单

2022 年12 月09 日　　流水号：001637485798

付款人	全　称	山西机电制造有限公司	收款人	全　称	苏州安昆科技股份有限公司
	账　号	0502121609202225488		账　号	0200002356487219763
	开户行	中国工商银行太原小店支行		开户行	中国工商银行苏州市吴中支行
金额	（大写）陆拾贰万玖仟元整			￥629000.00	
用途	收回欠款				

备注：

汇划日期：20221209　　汇划流水号：001637485798

汇出行行号：　　原凭证种类：234009093

原凭证号码：　　原凭证金额：￥6　.00

汇款人地址：

收款人地址：

实际收款人账号：0200002356487219763

实际收款人名称：苏州安昆科技股份有限公司

中国工商银行苏州市吴中支行 2022.12.09 办讫章 (01)

银行盖章

业务 23:23—1/2

领 料 单

领料部门：铸造车间
用　　途：数控机床

2022 年 12 月 09 日　　　　领第 1201 号

材料 编号	材料 名称	材料 规格	单位	数量 请领	数量 实发	成本 单价	总价 百	十	万	千	百	十	元	角	分
CL001	生铁		吨	30	30	2400.00			7	2	0	0	0	0	0
CL003	焦炭		吨	15	15	500.00				7	5	0	0	0	0
CL004	煤		吨	10	10	160.00				1	6	0	0	0	0
合计								¥	8	1	1	0	0	0	0

会计联

部门经理：罗浩　　会计：张天　　仓库：李琴　　经办人：咸慧

23—2/2

领 料 单

领料部门：铸造车间
用　　途：普通机床

2022 年 12 月 09 日　　　　领第 1202 号

材料 编号	材料 名称	材料 规格	单位	数量 请领	数量 实发	成本 单价	总价 百	十	万	千	百	十	元	角	分
CL001	生铁		吨	8	8	2400.00			1	9	2	0	0	0	0
CL003	焦炭		吨	10	10	500.00				5	0	0	0	0	0
CL004	煤		吨	5	5	160.00					8	0	0	0	0
合计								¥	2	5	0	0	0	0	0

会计联

部门经理：罗浩　　会计：张天　　仓库：李琴　　经办人：咸慧

业务 24:24—1/2

领 料 单

领料部门：锻造车间
用　　途：数控机床

2022 年 12 月 09 日　　　　领第 1203 号

材料 编号	材料 名称	材料 规格	单位	数量 请领	数量 实发	成本 单价	总价 百	十	万	千	百	十	元	角	分
CL002	钢		吨	15	15	2900.00			4	3	5	0	0	0	0
CL006	润滑油		千克	50	50	3.50					1	7	5	0	0
合计								¥	4	3	6	7	5	0	0

会计联

部门经理：罗浩　　会计：张天　　仓库：李琴　　经办人：钱德

24—2/2

领　料　单

领料部门：锻造车间
用　　途：普通机床　　　　2022 年 12 月 09 日　　　　领第　1204 号

材料			单位	数量		成本									
						单价	总价								
编号	名称	规格		请领	实发		百	十	万	千	百	十	元	角	分
CL002	钢		吨	6	6	2900.00			1	7	4	0	0	0	0
CL006	润滑油		千克	20	20	3.50						7	0	0	0
合计								¥	1	7	4	7	0	0	0

会计联

部门经理：罗浩　　会计：张天　　仓库：李琴　　经办人：钱钢

业务 25:25—1/4

领　料　单

领料部门：装配车间
用　　途：数控机床　　　　2022 年 12 月 09 日　　　　领第　1205 1/2 号

材料			单位	数量		成本									
						单价	总价								
编号	名称	规格		请领	实发		百	十	万	千	百	十	元	角	分
BCP01	电机	X123	台	30	30	1500.00			4	5	0	0	0	0	0
BCP02	电机	X345	台	100	100	250.00			2	5	0	0	0	0	0
BCP03	轴承	Q123	套	50	50	340.00			1	7	0	0	0	0	0
BCP04	轴承	Q345	套	200	200	140.00			2	8	0	0	0	0	0
合计							¥	1	1	5	0	0	0	0	0

会计联

部门经理：罗浩　　会计：张天　　仓库：李琴　　经办人：李友

25—2/4

领　料　单

领料部门：装配车间
用　　途：数控机床　　　　2022 年 12 月 09 日　　　　领第　1205 2/2 号

材料			单位	数量		成本									
						单价	总价								
编号	名称	规格		请领	实发		百	十	万	千	百	十	元	角	分
BCP05	标准件		个	200	200	18.00				3	6	0	0	0	0
CL006	润滑油		千克	100	100	3.50					3	5	0	0	0
合计									¥	3	9	5	0	0	0

会计联

部门经理：罗浩　　会计：张天　　仓库：李琴　　经办人：李友

25—3/4

领　料　单

领料部门：装配车间

用　　途：普通机床　　　　2022 年 12 月 09 日　　　　领 第 1206 1/2 号

材料			单位	数量		成本										
						单价	总价									
编号	名称	规格		请领	实发		百	十	万	千	百	十	元	角	分
BCP01	电机	X123	台	10	10	1500.00			1	5	0	0	0	0	0
BCP02	电机	X345	台	50	50	250.00			1	2	5	0	0	0	0
BCP03	轴承	Q123	套	20	20	340.00				6	8	0	0	0	0
BCP04	轴承	Q345	套	10	10	140.00				1	4	0	0	0	0
合计								¥	3	5	7	0	0	0	0

会计联

部门经理：罗浩　　会计：张天　　仓库：李琴　　经办人：李友

25—4/4

领　料　单

领料部门：装配车间

用　　途：普通机床　　　　2022 年 12 月 09 日　　　　领 第 1206 2/2 号

材料			单位	数量		成本										
						单价	总价									
编号	名称	规格		请领	实发		百	十	万	千	百	十	元	角	分
CL006	润滑油		千克	30	30	3.50					1	0	5	0	0
合计										¥	1	0	5	0	0

会计联

部门经理：罗浩　　会计：张天　　仓库：李琴　　经办人：李友

业务 26:26—1/2

领　料　单

领料部门：机修车间

用　　途：检修设备　　　　2022 年 12 月 09 日　　　　领 第 1207 号

材料			单位	数量		成本										
						单价	总价									
编号	名称	规格		请领	实发		百	十	万	千	百	十	元	角	分
CL002	钢		吨	2	2	2900.00				5	8	0	0	0	0
合计									¥	5	8	0	0	0	0

会计联

部门经理：罗浩　　会计：张天　　仓库：李琴　　经办人：李佑

26—2/2

领　料　单

领料部门：动力车间

用　途：动力供给　　　　2022 年 12 月 09 日　　　　领第 1208 号

材料			单位	数量		成本										
							总价									
编号	名称	规格		请领	实发	单价	百	十	万	千	百	十	元	角	分	
CL002	煤		吨	27	27	160.00				4	3	2	0	0	0	会计联
合计									¥	4	3	2	0	0	0	

部门经理：罗浩　　会计：张天　　仓库：李琴　　经办人：李佑

业务 27:27—1/1

1100182140

山西增值税专用发票

№ 74657254　　1100182140　74657254

发票联

开票日期：2022年12月10日

购买方	
名　　称	苏州安昆科技股份有限公司
纳税人识别号	913204111114185458
地址、电话	江苏省苏州市吴中区阳光东路88号 0512-36698877
开户行及账号	中国工商银行苏州市吴中支行 0200002356487219763

密码区：3-65745<19458<3840481-0+45-75/37503848*7>+>-2//5*343/3>*8574567-7<8*3448*4509/3+3-+57<565>56-+565/677>57<754

货物或应税劳务、服务名称	规格型号	单位	数量	单价	金额	税率	税额
*黑色金属*钢		吨	51	3100.00	158100.00	13%	20553.00
合　　计					¥158100.00		¥20553.00
价税合计（大写）	⊗壹拾柒万捌仟陆佰伍拾叁元整				（小写）¥178653.00		

销售方	
名　　称	宏达集团有限公司
纳税人识别号	911101118723465290
地址、电话	太原市房山区灵溪路87号 01087239401
开户行及账号	中国农业银行太原大平支行营业部 509224501259871

备注：（宏达集团有限公司 911101118723465290 发票专用章）

收款人：　　复核：　　开票人：张立　　销售方：（章）

第三联：发票联　购买方记账凭证

税总函【XXXX】XXX号 XXXXXXXX公司

业务 28:28—1/1

ICBC 中国工商银行

业务委托书 回执

APPLICATION FOR MONEY TRANSFER ACKNOWLEDGEMENT

苏 00251935

委托人全称	苏州安昆科技股份有限公司
委托人账号	0200002356487219763
收款人全称	苏州安昆科技股份有限公司
收款人账号	0200002356487983009
金额	¥10000.00
委托日期	2022.12.10

（中国工商银行苏州市吴中支行 2022.12.10 办讫章）

此联为银行受理通知书。若委托人申请汇票或本票业务，应凭此联领取汇票或本票。

This Paper is the bank acceptance advice. For draft or promissory note application, please return this paper.

业务 29:29—1/3

1100182140　　北京增值税专用发票　　№ 36475842　　1100182140 36475842

开票日期：2022年12月10日

购买方	名　　称：苏州安昆科技股份有限公司 纳税人识别号：913204111114185458 地 址、电 话：江苏省苏州市吴中区阳光东路88号 0512-36698877 开户行及账号：中国工商银行苏州市吴中支行 0200002356487219763	密码区	3-65745<19458<3840481-0+45- 75/37503848*7>+>-2//5*343/3 >*8574567-7<8*3448*4509/3+3 3457<5-5>56-+565/677>57<754

货物或应税劳务、服务名称	规格型号	单位	数量	单价	金额	税率	税额
*鞋*劳保鞋		双	55	31.60	1738.00	13%	225.94
*皮毛制品*耐热手套		副	15	5.40	81.00	13%	10.53
合　　计					¥[illegible]		¥236.47
价税合计（大写）	⊗贰仟零伍拾伍元肆角柒分				（小写）¥205[illegible]		

销售方	名　　称：北京市清远物资有限公司 纳税人识别号：911101089836751412 地 址、电 话：北京市海淀区南京路56号 01092007559 开户行及账号：中国建设银行北京海淀支行 11001016600053554487	备注	北京市清远物资有限公司 911101089836751412 发票专用章

收款人：　　复核：　　开票人：杨弘　　销售方：（章）

第三联：发票联　购买方记账凭证

29—2/3

工商银行
转账支票存根
10209810
00480864

附加信息

出票日期 2022 年 12 月 10 日

收款人：北京市清远物资有限公

金　额：¥2055.47

用　途：材料款

单位主管 马琳　会计 张天

29—3/3

ICBC 中国工商银行　　进账单（回　单）2

2022 年 12 月 10 日　　№01364765

出票人	全　称	苏州安昆科技股份有限公司	收款人	全　称	北京市清远物资有限公司
	账　号	0200002356487219763		账　号	11001016600053554487
	开户银行	中国工商银行苏州市吴中支行		开户银行	中国建设银行北京海淀支行
金额	人民币（大写）	贰仟零伍拾伍元肆角柒分			¥205547
票据种类	转账支票	票据张数	1		
票据号码	00480864				
复核：　记账：			中国工商银行苏州市吴中支行 2022.12.10 办讫章 (01)		开户银行签章

此联是开户银行交给持（出）票人的回单

175×85mm　GH 068011

业务 30:30—1/3

1100182140　　北京增值税专用发票　　№ 36475905　　1100182140 36475905

开票日期:2022年12月11日

购买方		密码区
名　　称	苏州安昆科技股份有限公司	3-65745<19458<3840481-0+45-
纳税人识别号	913204111114185458	75/37503848*7>+>-2//5*343/3
地 址、电 话	江苏省苏州市吴中区阳光东路88号 0512-36698877	>*8574567-7<8*3448*4509/3+3
开户行及账号	中国工商银行苏州市吴中支行 0200002356487219763	3457<565>56-+565/677>57<7><

货物或应税劳务、服务名称	规格型号	单位	数量	单价	金额	税率	税额
*石油制品*润滑油		千克	100	3.50	350.00	13%	45.50
合　　计					¥350.00		¥45.50
价税合计(大写)	⊗叁佰玖拾伍元伍角整				(小写) ¥395.50		

销售方		备注
名　　称	北京市清远物资有限公司	
纳税人识别号	911101089836751412	
地 址、电 话	北京市海淀区南京路56号 01092007559	
开户行及账号	中国建设银行北京海淀支行 11001016600053554487	

收款人:　　复核:　　开票人:杨弘　　销售方:(章)

第三联:发票联　购买方记账凭证

(印章:北京市清远物资有限公司 911101089836751412 发票专用章)

30—2/3

工商银行
转账支票存根

10209810
00480865

附加信息

出票日期2022年12月11日

收款人:北京市清远物资有限公

金　额:¥395.50

用　途:材料款

单位主管 马琳　会计 张天

30—3/3

ICBC 中国工商银行　　进账单(回　单) 2

2022年 12月 11日　　№01366572

出票人		收款人	
全　称	苏州安昆科技股份有限公司	全　称	北京市清远物资有限公司
账　号	0200002356487219763	账　号	11001016600053554487
开户银行	中国工商银行苏州市吴中支行	开户银行	中国建设银行北京海淀支行
金额 人民币(大写)	叁佰玖拾伍元伍角整	亿千百十万千百十元角分	¥39550
票据种类	转账支票	票据张数	1
票据号码	00480865		

复核:　　记账:　　开户银行签章

(印章:中国工商银行苏州市吴中支行 2022.12.11 办讫章 (01))

此联是开户银行交给持(出)票人的回单

175×85mm GH 08011

业务 31:31—1/3

1100182140　　北京增值税专用发票　　№ 36475905　　1100182140　36475905

开票日期：2022年12月11日

购买方	名　　称：苏州安昆科技股份有限公司 纳税人识别号：913204111114185458 地址、电话：江苏省苏州市吴中区阳光东路88号 0512-36698877 开户行及账号：中国工商银行苏州市吴中支行 0200002356487219763	密码区	3-65745<19458<3840481-0+45- 75/3-503848*7>+>-2//5*343/3 >*8574567-7<8*3448*4509/3+3 3-+7<565>56-+565/677>57<754

货物或应税劳务、服务名称	规格型号	单位	数量	单价	金额	税率	税额
*塑料制品*包装箱		个	70	390.00	27300.00	13%	3549.00
合　计					¥27300.00		¥3549.00
价税合计（大写）	⊗叁万零捌佰肆拾玖元整				（小写）¥30849.00		

销售方	名　　称：北京临溪木器有限公司 纳税人识别号：911101011832355523 地址、电话：北京市东城区华林苑5号 01014483040 开户行及账号：中国工商银行北京东城支行 0200002356400254854	备注	北京临溪木器有限公司 911101011832355523 发票专用章

收款人：　　复核：　　开票人：李新　　销售方：（章）

第三联：发票联　购买方记账凭证

31—2/3

工商银行
转账支票存根
10209810
00480866

附加信息

出票日期 2022 年 12 月 11 日

收款人：北京临溪木器有限公司

金　额：¥30849.00

用　途：材料款

单位主管 马琳　会计 张天

31—3/3

ICBC 中国工商银行　　进账单（回　单）2

2022 年 12 月 11 日　　№01361324

出票人	全　称	苏州安昆科技股份有限公司	收款人	全　称	北京临溪木器有限公司
	账　号	0200002356487219763		账　号	0200002356400254854
	开户银行	中国工商银行苏州市吴中支行		开户银行	中国工商银行北京东城支行
金额	人民币（大写）	叁万零捌佰肆拾玖元整		亿千百十万千百十元角分	¥3084900
票据种类	转账支票	票据张数	1		
票据号码	00480866				

复核：　　记账：

中国工商银行苏州市吴中支行 2022.12.11 办讫章 (01)

开户银行签章

此联是开户银行交给持（出）票人的回单

业务 32:32—1/2

银行承兑汇票　2　　68791083　00246678

出票日期（大写）　贰零贰贰年　零玖月　零壹拾日

出票人全称	北京市天鸿机电有限公司	收款人	全　称	苏州安昆科技股份有限公司
出票人账号	0200002725485445212		账　号	0200002356487219763
付款行名称	中国工商银行北京东城支行		开户银行	中国工商银行苏州市吴中支行
出票金额	人民币（大写）柒万捌仟玖佰元整		亿千百十万千百十元角分	¥ 7 8 9 0 0 0 0
汇票到期日（大写）	贰零贰叁年零叁月零壹拾日	付款行	行号	102100008075
承兑协议编号	364726		地址	北京市东城区东四十条24号
本汇票请你行承兑，到期无条件付款。 （北京市天鸿机电有限公司 财务专用章）（王清元印） 出票人签章		本汇票已经承兑，到期日由本行付款。 （中国工商银行北京东城支行 102100008075 汇票专用章） 承兑行签章 承兑日期 2023年 09月 10日 备注：	密押 （陈思建印）	复核　记账

原件与复印件核对一致

此联收款人开户行随托收凭证寄付款行作借方凭证附件

32—2/2

贴现凭证（收款通知）　④

填写日期　2022 年　12月　12日　　第　023　号

贴现汇票	种类	银行承兑汇票　号码 68791083	申请人	名称	苏州安昆科技股份有限公司
	出票日	2022 年　09 月　10 日		账号	0200002356487219763
	到期日	2023 年　03 月　10 日		开户银行	中国工商银行苏州市吴中支行
汇票承兑人（或银行）	名称	中国工商银行苏州市吴中支行 ×	账号		开户银行
汇票金额（即贴现金额）	人民币（大写）	柒万捌仟玖佰元整		千百十万千百十元角分	¥ 7 8 9 0 0 0 0
贴现率 每月	7.388 ‰	贴现利息	¥ 1 7 0 9 8 8	实付贴现金额	¥ 7 7 1 9 0 1 2
上述款项已入你单位账号。 此致 贴现申请人		银行盖章 （中国工商银行苏州市吴中支行 2022.12.12 办讫章 (01)）		备注：	

此联银行给申请人的收款通知

业务 33:33—1/1

托收凭证（汇款依据或收账通知）　4

委托日期　2022 年　12 月　04 日　　付款期限　2022 年　12 月　12 日

业务类型	委托收款（□邮划、□电划）　托收承付（□邮划、☑电划）				
付款人	全称	广州市新林机电有限公司	收款人	全称	苏州安昆科技股份有限公司
	账号	3602021419200555486		账号	0200002356487219763
	地址	广东 省 广州 市/县　开户行 中国工商银行广州花都支行		地址	江苏 省 苏州 市/县　开户行 苏州市吴中支行
金额	人民币（大写）捌拾肆万柒仟伍佰元整 ×			亿千百十万千百十元角分	¥ 8 4 7 5 0 0 0 0
款项内容	销售商品	托收凭据名称	发票	附寄单证张数	3
商品发运情况	发运		合同名称号码	HJ231204	
备注： 复核　记账		上列款项已划回收入你方账户内。 （中国工商银行苏州市吴中支行 2022.12.12 办讫章 (01)） 收款人开户银行签章 2022 年 12 月 12 日			

(2005) 10×17.5公分 次15角直印刷 0182·6011186

此联付款人开户行凭以汇款或收款人开户银行作收账通知

业务 34:34—1/2

坏账损失确认审批报告

因本公司今日收到苏州市相城区人民法院裁定的关于苏州市花杨贸易有限公司破产的公告，宣告其因资不抵债而破产。因本公司不是其主要的债权人，按照清偿顺序不能收回苏州市花杨贸易有限公司前欠本公司货款35000元（叁万伍仟元）整，经向管理层申请，将其确认为坏账损失。（后附法院在苏州日报的公告。）

报批：马琳

审批：安东阳

苏州安昆科技股份有限公司

2022年12月13日

34—2/2

破产公告

本法院根据苏州市乐洁实业有限公司申请，受理了苏州市花杨贸易有限公司破产还债一案，经本法院审查因苏州市花杨贸易有限公司不能清偿到期债务情况是连续状态，且其全部资产不足以清偿到期债务。符合宣告破产的法定条件，本法院于2022年12月8日依法对其作出2022（苏）民破字第3-656号民事裁定，宣告苏州市花杨贸易有限公司破产。

苏州市相城区人民法院

2022年12月08日

业务 35:35—1/3

1100182140　　江苏增值税专用发票　　№ 30583617　　1100182140　30583617

开票日期：2022年12月12日

购买方	名称：苏州安昆科技股份有限公司 纳税人识别号：91320411114185458 地址、电话：江苏省苏州市吴中区阳光东路88号 0512-36698877 开户行及账号：中国工商银行苏州市吴中支行 0200002356487219763			密码区	3-65745<19458<3840481-0+45- 75/3750-+48*7>+>-2//5*343/3 >*8574567-7<8*3448*4509/3+3 3457<565>56-+565/677>57<754		
货物或应税劳务、服务名称	规格型号	单位	数量	单价	金额	税率	税额
*保险服务*公共责任险财产保险					50000.00	6%	3000.00
合计					￥50000.00		￥3000.00
价税合计（大写）	⊗伍万叁仟元整				（小写）￥53000.00		
销售方	名称：中国人民财产保险股份有限公司江苏分公司 纳税人识别号：911101059827734456 地址、电话：南京市鼓楼区北大街17号 02158195001 开户行及账号：中国工商银行南京和平街支行 0200982763123944553			备注			

收款人：　　复核：　　开票人：王红　　销售方：（章）

第三联：发票联　购买方记账凭证

35—2/3

ICBC 中国工商银行　　进账单(回　单) 2

2022 年 12 月 13 日　　№25341536

出票人	全　称	苏州安昆科技股份有限公司	收款人	全　称	中国人民财产保险股份有限公司江苏
	账　号	0200002356487219763		账　号	0200982763123944553
	开户银行	中国工商银行苏州市吴中支行		开户银行	中国工商银行南京和平街支行
金额	人民币(大写)	伍万叁仟元整		亿千百十万千百十元角分	¥5300000
票据种类	转账支票	票据张数	1		
票据号码	00480867				
复核：	记账：			开户银行签章	

中国工商银行苏州市吴中支行 2022.12.13 办讫章 (01)

此联是开户银行交给持(出)票人的回单

175×85mm GH 088011

35—3/3

工商银行
转账支票存根
10209810
00480867

附加信息

出票日期 2022 年 12 月 13 日

收款人：	中国人民财产保险股份
金　额：	¥53000.00
用　途：	保险费

单位主管 马琳　会计 张天

上海金达证券印刷有限公司·2011年印制

业务 36:36—1/3

1101118626500　　江苏增值税普通发票　　№ 10961856　　1101118626500 10961856

校验码 23545 45641 45911 15100　　开票日期:2022年12月14日

购买方	名　　称:苏州安昆科技股份有限公司 纳税人识别号:913204111114185458 地 址、电 话:江苏省苏州市吴中区阳光东路88号 0512-36698877 开户行及账号:中国工商银行苏州市吴中支行 0200002356487219763			密码区	3-65745<19458<3840481-0+45- 75/37503848*7>+>-2//5*343/3 >*8574567-7<8*3448*4509/3+3 3457<565>56-+565/677>57-+23		
货物或应税劳务、服务名称	规格型号	单位	数量	单价	金额	税率	税额
*印刷品*图书					892.00	9%	80.28
合　计					¥		¥80.28
价税合计(大写)	⊗玖佰柒拾贰元贰角捌分				(小写) ¥972.28		
销售方	名　　称:苏州市光合书店有限公司 纳税人识别号:911101013546587523 地 址、电 话:苏州市相城区北四环123号 01023802288 开户行及账号:中国工商银行苏州相城支行 0200002354689746251			备注			

收款人：　　复核：　　开票人：龚龙　　销售方：(章)

苏州市光合书店有限公司 911101013546587523 发票专用章

第二联：发票联 购买方记账凭证

36—2/3

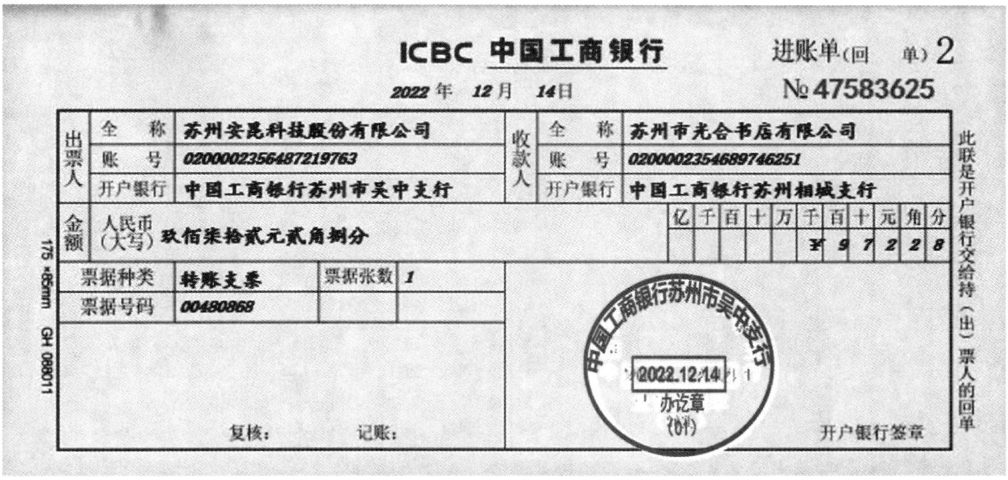

ICBC 中国工商银行　　进账单（回　单）2

2022年　12月　14日　　№47583625

出票人		收款人	
全　称	苏州安昆科技股份有限公司	全　称	苏州市光合书店有限公司
账　号	0200002356487219763	账　号	0200002354689746251
开户银行	中国工商银行苏州市吴中支行	开户银行	中国工商银行苏州相城支行
金额	人民币（大写）玖佰柒拾贰元贰角捌分	亿千百十万千百十元角分	￥97228
票据种类	转账支票	票据张数	1
票据号码	00480868		

复核：　记账：

中国工商银行苏州市吴中支行 2022.12.14 办讫章 (01)

开户银行签章

此联是开户银行交给持（出）票人的回单

175×85mm　GH 088011

36—3/3

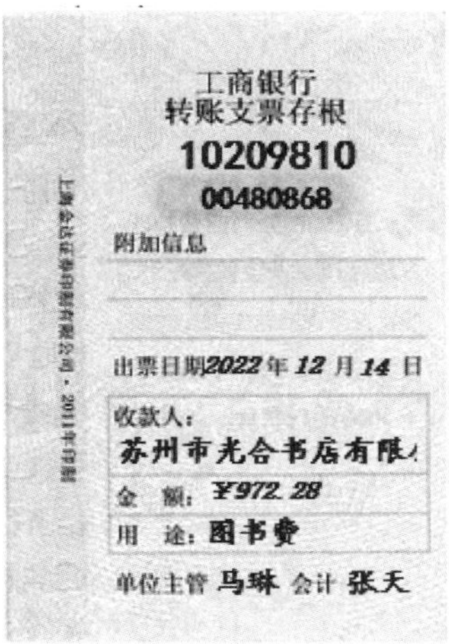

工商银行
转账支票存根
10209810
00480868

附加信息

出票日期2022年12月14日

收款人：苏州市光合书店有限公

金　额：￥972.28

用　途：图书费

单位主管 马琳　会计 张天

业务 37:37—1/3

薪资汇总表

公司：苏州安昆科技股份有限公司　　2022年11月　　单位：元

部门		应发工资	社保		住房公积金		含税工资	个税	实发工资
			个人	公司	个人	公司			
铸造车间	管理人员	5700.00	510.20	1606.12	397.80	397.80	4792.00	0.00	4792.00
	个人	48731.66	5004.44	15675.81	3922.70	3922.70	39804.52	28.90	39775.62
锻造车间	管理人员	5100.00	506.52	1594.49	394.92	394.92	4198.56	0.00	4198.56
	个人	73488.87	7557.65	23685.43	5925.22	5925.22	60006.00	40.66	59965.34
装配车间	管理人员	5000.00	379.38	1191.87	295.20	295.20	4325.42	0.00	4325.42
	个人	57369.77	5728.26	17958.93	4490.40	4490.40	47151.11	34.70	47116.41
机修车间		10250.00	1482.39	4646.71	1160.31	1160.31	7607.30	0.00	7607.30
动力车间		10250.00	1482.39	4646.71	1160.31	1160.31	7607.30	0.00	7607.30
管理部门		40760.00	3625.51	11395.78	2841.18	2841.18	34293.31	294.38	33998.93
销售部门		6900.00	577.86	1810.88	450.87	450.87	5871.27	26.14	5845.13
合计		263550.30	26854.60	84212.73	21038.91	21038.91	215656.79	424.78	215232.01

主管：赵理　　审核人：朱梅　　制表人：刘柳

37—2/3

ICBC　中国工商银行　凭证

NO 00342499

特账日期：2022-12-15

付款人全称：苏州安昆科技股份有限公司　　收款人全称：苏州安昆科技股份有限公司

付款人账号：0200002356487219763　　收款人账号：0200002356487219008

付款人开户行：中国工商银行苏州市吴中支行　　收款人开户行：中国工商银行苏州市吴中支行

金额（小写）：¥215232.01

金额（大写）：贰拾壹万伍仟贰佰叁拾贰元零壹分

用途：工资

中国工商银行苏州市吴中支行　2022.12.15　办讫章（01）

37—3/3

特色业务工行苏州吴中支行批量代付成功清单

机构代码：2861　机构名称：工行苏州吴中支行　入账日期：2022年12月15日

账　　号	姓　　名	金　　额
6222024100005160023	安东阳	6582.65
6222024100005160024	王高	2901.21
6222024100005160025	陈刚	2511.07
6222024100005160026	[illegible]	2291.07
622202410000516002[illegible]	林玲	5030.68
62220241000051600[illegible]	[illegible]	2892.08
6222024100005160029	王言	2895.33
6222024100005160030	王丹	2889.62
6222024100005160031	李明	2491.07
6222024100005160032	杨艳	3978.29
6222024100005160033	陈韵	2175.7
6222024100005160034	刘海	3510.74
以下略		
合计		215232.01

中国工商银行苏州市吴中支行　2022.12.15　办讫章（01）

业务38：38—1/2

ICBC　中国工商银行　凭 证

中国工商银行电子缴税付款凭证　No 02530522

转账日期：　2022年　12月　15日　　凭证字号：02530522

纳税人全称及纳税人识别号：苏州安昆科技股份有限公司 91320411114185458

付款人全称：苏州安昆科技股份有限公司

付款人账号：0200002356487219763　　征收机关名称：国家税务总局苏州市吴中区税务局

付款人开户银行：中国工商银行苏州市吴中支行　　收款国库（银行）名称：国家金库苏州市吴中区支库

小写（合计）金额：¥111067.33　　缴款书交易流水号：W0002014150899

大写（合计）金额：壹拾壹万壹仟零陆拾柒元叁角叁分　　税票号码：343982

税（费）种名称	所属日期	实缴金额
养老保险	20221201-20221231	73001.59
医疗保险	20221201-20221231	31547.09
失业保险	20221201-20221231	3128.79
工伤保险	20221201-20221231	1303.85
生育保险	20221201-20221231	2086.01

中国工商银行苏州市吴中支行　2022.12.15　办讫章（01）

第　1　次打印　　打印时间：2022-12-15

（1405公分×21公分）　第二联　作付款回单（无银行收讫章无效）　复核：　记账：

38—2/2

12月份社保费明细表

单位：元

部门	姓名	职务	养老保险		医疗保险		失业保险		工伤保险		生育保险		社保合计	
			8%	20%	2%+3	10%	0.2%	1.0%	0%	0.5%	0%	0.8%	个人	公司
办公室	安东阳	总经理	540.00	1350.00	138.00	675.00	13.50	67.50	0.00	33.75	0.00	54.00	691.50	2180.25
	王高	主任	247.68	619.20	64.92	309.60	6.19	30.96	0.00	15.48	0.00	24.77	318.79	1000.01
	陈刚	人事	224.26	560.64	59.06	280.32	5.61	28.03	0.00	14.02	0.00	22.43	288.93	905.44
	赵阳	司机	224.26	560.64	59.06	280.32	5.61	28.03	0.00	44.02	0.00	22.43	288.93	905.44
以下略			……											
合计			20857.77	52143.82	5475.15	26071.94	521.68	2607.11	0.00	1303.85	0.00	2086.01	26854.60	84212.73

审核：马琳　　制单：张天

业务 39:39—1/2

工商银行
转账支票存根
10209810
00480869

附加信息

出票日期2022年12月15日

收款人：苏州市吴中区工会委

金　额：¥5271.01

用　途：工会经费

单位主管 马琳　会计 张天

上海金达证券印刷有限公司·2011年印制

39—2/2

工会专用结算凭证（行政拨交工会经费缴款书）

缴款日期　2022年12月15日

付款单位	全称	苏州安昆科技股份有限公司	收款单位	全称	苏州市吴中区工会委员会
	帐号	0200002356487219763		帐号	11001016600465786342
	开户银行	中国工商银行苏州市吴中支行		开户银行	中国建设银行苏州市吴中支行
所属月份		2022年11月	职工人数		87人
上月职工工资总额		¥263550.30	按2%计应缴交经费		¥5271.01
迟交天数			按1%计应缴滞纳金		

此联交缴款单位作回单

合计金额（大写）伍仟贰佰柒拾壹元零壹分

十	万	千	百	十	元	角	分
	¥	5	2	7	1	0	1

缴款单位盖章　　工会委员会盖章　　年　月　日　　银行盖章　　2022年12月15日

苏州安昆科技股份有限公司 财务专用章　阳安 印东　中国工商银行苏州市吴中支行 2022.12.15 办讫章 (01)

业务 40：40—1/3

住房公积金汇（补）缴书 No

2022年 12月 15日　　　　附：缴存变更清册 1页

缴款单位	单位名称	苏州安昆科技股份有限公司	收款单位	单位名称	苏州市公积金管理中心
	单位账号	0200002356487219763		公积金账号	1202982084098399930
	开户银行	中国工商银行苏州市吴中支行		开户银行	中国工商银行苏州相城支行

缴款类型	☑汇缴	□补缴	补缴原因										
缴款人数	87	缴款时间	2022年 12月至 2022年 12月	月数	1								
缴款方式	□现金	☑转账		百	十	万	千	百	十	元	角	分	
金额(大写)	人民币肆万贰仟零柒拾柒元捌角贰分				¥	4	2	0	7	7	8	2	

上次汇缴		本次增加汇缴		本次减少汇缴		本次汇（补）缴	
人数	金额	人数	金额	人数	金额	人数	金额

上述款项已划转至市住房公积金管理中心住房公积金存款户内。（银行盖章）

复核：　　经办：　　2022年12月 15日

（印章：中国工商银行 苏州市吴中支行 2022.12.15 转讫 (01)）

第一联：缴款单位开户行给缴款单位的回单

40—2/3

工商银行
转账支票存根
020025445
00488795

附加信息

出票日期2022年 12 月 15 日

收款人：苏州市公积金管理中·

金　额：¥42077.82

用　途：住房公积金

单位主管 马琳　会计 张天

40—3/3

ICBC 中国工商银行　　进账单(回　单) 2

2022年 12月 15日　　　　№01361778

出票人	全　称	苏州安昆科技股份有限公司	收款人	全　称	苏州市公积金管理中心
	账　号	0200002356487219763		账　号	1202982084098399930
	开户银行	中国工商银行苏州市吴中支行		开户银行	中国工商银行苏州相城支行

金额	人民币(大写)肆万贰仟零柒拾柒元捌角贰分	亿	千	百	十	万	千	百	十	元	角	分
					¥	4	2	0	7	7	8	2

票据种类	转账支票	票据张数	1
票据号码	00488795		

复核：　　记账：　　开户银行签章

（印章：中国工商银行苏州市吴中支行 2022.12.15 业务受理章 (01)）

此联是开户银行交给持（出）票人的回单

175×85mm　GH 08011

业务 41:41—1/1

银河证券苏州吴中营业部交割单

客户编号：226354672　　名称：苏州安昆科技股份有限公司　　对账日期：2022年12月16日　　打印柜员：2245

资金信息：

币种	资金余额	可用金额	可取现金	资产总值
人民币	23500.00	23500.00	[illegible]0.00	303750.00

流水明细：

日期	币种	业务标志	证券名称	证券代码	发生数量	成交均价	佣金	印花税	其他费	收付金额	资金余额	备注
2022.12.16	人民币	股票购入	刚玉	003820	20000	12.00	500.00	0.00	0.00	-240500.00	23500.00	

证券名称	证券代码	当前数	可用数	最新价	市值	币种
刚玉	003820	20000	20000	12.00	240000.00	人民币
渤海	003523	3500	3500	11.5	40250.00	人民币

（印章：银河证券股份有限公司）

业务 42:42—1/3

江苏增值税专用发票

1101182140　　№ 10027235　　1101182140　10027235

开票日期：2022年12月16日

购买方	名　　称：苏州安昆科技股份有限公司 纳税人识别号：913204111114185458 地 址、电 话：江苏省苏州市吴中区阳光东路88号 0512-36698877 开户行及账号：中国工商银行苏州市吴中支行 0200002356487219763	密码区	3-65745<19458<3840481-0+45- 75/37503848*7>+>-2//5*343/3 >*8574567-7<8*3448*4509/3+3 3457<565>56-+565/677>57-+23

货物或应税劳务、服务名称	规格型号	单位	数量	单价	金额	税率	税额
*建筑服务*锅炉改造工程					8000.00	9%	720.00
合　　计					¥8000.00		¥720.00
价税合计（大写）	⊗捌仟柒佰贰拾元整				（小写）¥8720.00		

销售方	名　　称：慧远工程有限公司 纳税人识别号：911101021534531256 地 址、电 话：苏州市相城区丰盛东路883号 01099883300 开户行及账号：中国建设银行苏州相城支行11001016600055446621	备注	

收款人：　　复核：　　开票人：王跃　　销售方：（章）

第三联：发票联　购买方记账凭证

（印章：慧远工程有限公司 911101021534531256 发票专用章）

42—2/3

工商银行
转账支票存根

10209810

00480871

附加信息

出票日期 2022 年 12 月 16 日

收款人：慧远工程有限公司

金　额：¥8720.00

用　途：工程款

单位主管 马琳　会计 张天

42—3/3

ICBC 中国工商银行　　进账单（回　单）2

2022 年　12 月　16 日　　№ 43546271

175×85mm GH 068011

出票人	全　称	苏州安昆科技股份有限公司	收款人	全　称	慧远工程有限公司
	账　号	0200002356487219763		账　号	11001016600055446621
	开户银行	中国工商银行苏州市吴中支行		开户银行	中国建设银行苏州相城支行
金额	人民币（大写）	捌仟柒佰贰拾元整		亿千百十万千百十元角分	¥ 8 7 2 0 0 0
票据种类	转账支票	票据张数	1		
票据号码	00480871				
复核：	记账：			开户银行签章	中国工商银行苏州市吴中支行 2022.12.16 业务受理章 (01)

此联是开户银行交给持（出）票人的回单

业务 43：43—1/2

项目竣工验收单

批准文号：4609　　　　填报日期：2022年12月16日

项目	名称	铸造车间锅炉	金额	批准	90000.00	日期	批准					
	性质	改造		实际	87000.00							
五种定额	名称	修理工时费用	停歇时间	清洗用油	费用	材料消耗费						
						钢	铜	木材	水泥	五金	备品	其他
	计划	3000				4000		9000	74000			
	实际	3000				4000		9800	70200			
验收意见	经检查，质量达到原设计要求，同意交付使用。											
验收人员	使用部门	白　星		技术科		陈水生		财务科			张　天	

43—2/2

锅炉改造工程结算书

苏州安昆科技股份有限公司　　2022年12月16日　　单位：元

工程项目	施工方式	预算价	结算价
铸造车间锅炉改造		90000.00	87000.00

业务 44:44—1/4

1100182140　　江苏增值税专用发票　　№ 25367652　　1100182140 25367652

发票联　　开票日期：2022年12月18日

购买方	名称：苏州安昆科技股份有限公司 纳税人识别号：91320411114185458 地址、电话：江苏省苏州市吴中区阳光东路88号 0512-36698877 开户行及账号：中国工商银行苏州市吴中支行 0200002356487219763			密码区	3-65745<19458<3840481-0+45- 75/3750-+48*7>+>-2//5*343/3 >*8574567-7<8*3448*4509/3+3 3457<565>56-+565/677>57<754		
货物或应税劳务、服务名称	规格型号	单位	数量	单价	金额	税率	税额
*机动车*货车	东风天龙牵引	辆	1	215000.00	215000.00	13%	27950.00
合计					¥215000.00		¥27950.00
价税合计（大写）	⊗贰拾肆万贰仟玖佰伍元整				（小写）¥242950.00		
销售方	名称：红方汽车有限公司 纳税人识别号：911101081893240412 地址、电话：苏州市吴中区永定路123号 01066335210 开户行及账号：中国农业银行苏州吴中支行 11-051254879586415			备注	发动机号码：3105820 车牌号：苏B35E20		

收款人：　　复核：　　开票人：林华　　销售方：（章）

第三联：发票联　购买方记账凭证

税总函【XXXX】XXX号 XXXXXXXX公司

（印章：红方汽车有限公司 911101081893240412 发票专用章）

44—2/4

工商银行
转账支票存根
10209810
00480872

附加信息

出票日期 2022 年 12 月 18 日

收款人：	红方汽车有限公司
金额：	¥242950.00
用途：	购车款

单位主管 马琳　会计 张天

上海金达证券印刷有限公司 · 2011年印制

44—3/4

ICBC 中国工商银行　　进账单（回单）2

2022 年 12 月 18 日　　№ 43546290

出票人	全称	苏州安昆科技股份有限公司	收款人	全称	红方汽车有限公司
	账号	0200002356487219763		账号	11-051254879586415
	开户银行	中国工商银行苏州市吴中支行		开户银行	中国农业银行苏州吴中支行
金额	人民币（大写）	贰拾肆万贰仟玖佰伍元整		亿千百十万千百十元角分	¥24295000
票据种类	转账支票	票据张数	1		
票据号码	00480872				

复核：　　记账：　　开户银行签章

（印章：中国工商银行苏州市吴中支行 2022.12.18 业务受理章 (01)）

此联是开户银行交给持（出）票人的回单

175×85mm GH 080011

44—4/4

中华人民共和国（2022）
税收通用完税证

隶属关系：市级　　完电字：02558712
注册类型：有限公司　　校验码：2874789
填发日期：2022年12月18日　　征收机关：国家税务总局苏州市吴中区税务局

纳税人代码	91320411114185458	地址	国家税务总局苏州市吴中区人民路6号
纳税人名称	苏州安昆科技股份有限公司	税款所属期	2022年12月1日至2022年12月31日

税种	品目名称	计税金额、销售收入或课税数量	税率或单位税额	已缴或扣除额	实缴税额
车辆购置税	车辆购置税	￥215000.00	10%		￥21500.00
金额合计	（大写）贰万壹仟伍佰元整				￥21500.00

	委托代征单位（盖章）	填票人 助征员10（章）	备注	豪沃A7 票面价格：236500

（打印有效，手写开票无效）

第二联（收据）交纳税人作完税凭证

中国工商银行苏州市吴中支行 2022.12.18 业务受理章（01）

国家税务总局苏州市吴中区税务局 010号 征税专用章

业务45：45—1/3

ICBC 中国工商银行　　进账单（回　单）2

2022年12月18日　　№25341698

出票人	全称	苏州安昆科技股份有限公司	收款人	全称	中国人民财产保险股份有限公司江苏
	账号	0200002356487219763		账号	0200982763123944553
	开户银行	中国工商银行苏州市吴中支行		开户银行	中国工商银行南京和平里支行

金额	人民币（大写）陆仟捌佰肆拾贰元肆角整	亿	千	百	十	万	千	百	十	元	角	分
							￥	6	8	4	2	4	0

票据种类	转账支票	票据张数	1
票据号码	00480873		

复核：　记账：　　开户银行签章

中国工商银行苏州市吴中支行 2022.12.18 业务受理章（01）

175×85mm GH 088011

此联是开户银行交给持（出）票人的回单

45—2/3

工商银行
转账支票存根
10209810
00480873

附加信息

出票日期 2022年12月18日

收款人：中国人民财产保险股份有限公司

金　额：￥6842.40

用　途：保险费

单位主管 马琳　会计 张天

45—3/3

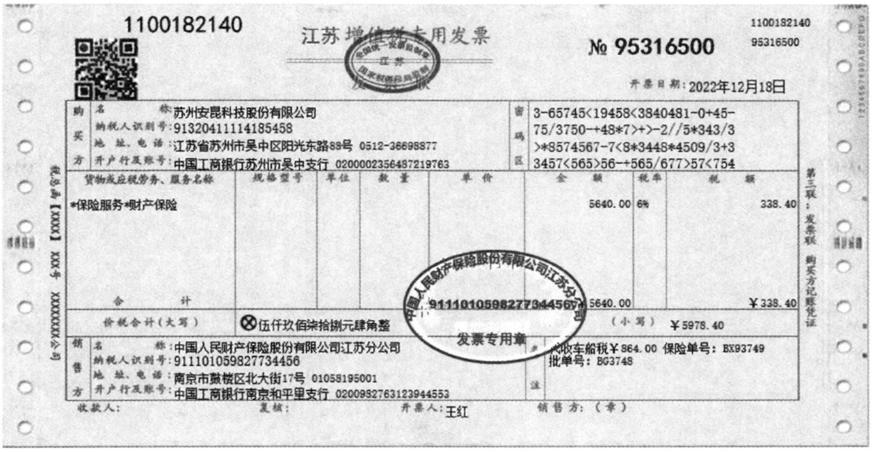

1100182140　江苏增值税专用发票　№ 95316500　1100182140　95316500

开票日期：2022年12月18日

购买方	名称：苏州安昆科技股份有限公司 纳税人识别号：913204111114185458 地址、电话：江苏省苏州市吴中区阳光东路88号 0512-36698877 开户行及账号：中国工商银行苏州市吴中支行 0200002356487219763			密码区	3-65745<19458<3840481-0+45- 75/3750-+48*7>+>-2//5*343/3 >*8574567-7<8*3448*4509/3+3 3457<565>56-+565/677>57<754		
货物或应税劳务、服务名称	规格型号	单位	数量	单价	金额	税率	税额
*保险服务*财产保险					5640.00	6%	338.40
合计					5640.00		¥338.40
价税合计（大写）	⊗伍仟玖佰柒拾捌元肆角整				（小写）	¥5978.40	
销售方	名称：中国人民财产保险股份有限公司江苏分公司 纳税人识别号：911101059827734456 地址、电话：南京市鼓楼区北大街17号 01058195001 开户行及账号：中国工商银行南京和平里支行 0200982763123944553			备注	代收车船税¥864.00 保险单号：BX93749 批单号：BG3748		

收款人：　复核：　开票人：王红　销售方：（章）

第三联：发票联　购买方记账凭证

中国人民财产保险股份有限公司江苏分公司　911101059827734456　发票专用章

业务 46:46—1/1

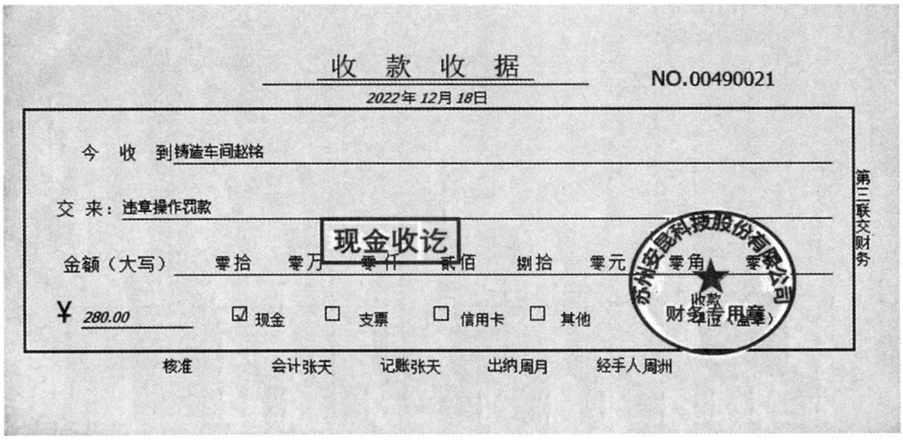

收款收据　NO.00490021

2022年12月18日

今收到铸造车间赵铭

交来：违章操作罚款

金额（大写）零拾零万零仟贰佰捌拾零元零角零分

¥ 280.00　☑现金　☐支票　☐信用卡　☐其他

核准　会计张天　记账张天　出纳周月　经手人周洲

第三联交财务

现金收讫

苏州安昆科技股份有限公司　财务专用章

业务 47:47—1/3

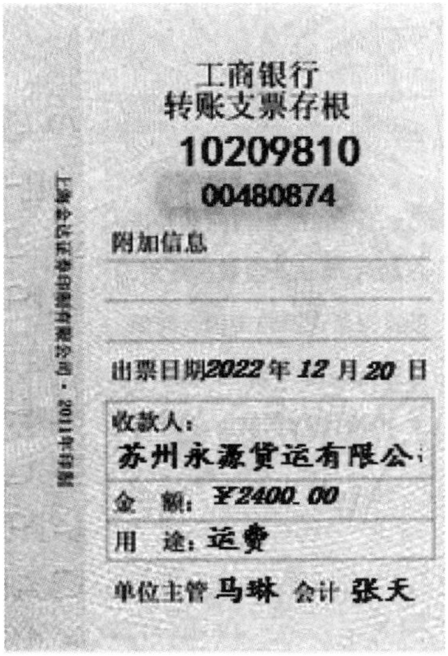

工商银行
转账支票存根
10209810
00480874

附加信息

出票日期2022年12月20日

收款人：
苏州永源货运有限公司

金额：¥2400.00

用途：运费

单位主管 马琳　会计 张天

47—2/3

ICBC 中国工商银行　　进账单(回　单) 2

2022年 12月 20日　　№25341705

出票人	全称	苏州安昆科技股份有限公司	收款人	全称	苏州永源货运有限公司
	账号	0200002356487219763		账号	0200345465533122453
	开户银行	中国工商银行苏州市吴中支行		开户银行	中国工商银行苏州相城支行
金额	人民币（大写）	贰仟肆佰元整		亿千百十万千百十元角分	¥240000
票据种类	转账支票	票据张数	1		
票据号码	00480874				

复核：　记账：　　开户银行签章

中国工商银行苏州市吴中支行 2022.12.20 业务受理章 (01)

此联是开户银行交给持（出）票人的回单

175×85mm GH 08011

47—3/3

1100011862650　江苏增值税普通发票　№ 09087056

1100011862650　09087056

校验码 23581 66541 65451 65421　　开票日期：2022年12月20日

购买方	
名称	山西机电制造有限公司
纳税人识别号	911401058120934289
地址、电话	山西省太原市小店区晋阳街67号 03511905548
开户行及账号	中国工商银行太原小店支行 0502121609202225488

密码区：03*3187<4/+8490<+95+59+7<243 4987<0-->>6>525<693719->7*7 87*3187<4/+8490<+9570868 1380 9<712/<1+9016>6906+->84>93/-

货物或应税劳务、服务名称	规格型号	单位	数量	单价	金额	税率	税额
*运输服务*运输费用					2201.83	9%	198.17
合计							¥198.17
价税合计（大写）	⊗贰仟肆佰元整			（小写）	¥2400.00		

销售方	
名称	苏州永源货运有限公司
纳税人识别号	911101066576846390
地址、电话	苏州市相城区丰盛东路998号 01066328211
开户行及账号	中国工商银行苏州相城支行 0200345465533122453

备注：

收款人：　复核：　开票人：曾卫鹏　销售方：（章）

苏州永源货运有限公司 911101066576846390 发票专用章

第二联：发票联　购买方记账凭证

业务 48：48—1/3

销售单

购货单位山西机电制造有限公司　地址和电话山西省太原市小店区晋阳街67号 03511905548　单据编号：XS20141204

纳税识别号：911401058120934289　开户行及账号：中国工商银行太原小店支行 0502121609202225488　制单日期：2022年12月20日

编码	产品名称	规格	单位	单价	数量	金额	备注
CP002	数控机床		台	44400.00	13	577200.00	不含税价
合计	人民币（大写）：伍拾柒万柒仟贰佰元整					¥577200.00	

总经理：安东阳　销售经理：刘丽　经手人：李成　会计：张天　签收人：王建

会计联

48—2/3

1100182140　　**江苏增值税专用发票**　　№ 60972957　　1100182140 60972957

此联不作报销、扣税凭证使用　　开票日期：2022年12月20日

购买方	名　　称：山西机电制造有限公司 纳税人识别号：911401058120934289 地址、电话：山西省太原市小店区晋阳街67号 03511905548 开户行及账号：中国工商银行太原小店支行 0502121609202225488				密码区	3-65745<19458<3840481-0+45- 75/37503848*7>+>-2//5*343/3 >*8574567-7<8*3448*4509/3+3 3/37<565>56-+565/677>57<754		
货物或应税劳务、服务名称	规格型号	单位	数量	单价	金额	税率	税额	
*机床*数控机床		台	13	44400.00	577200.00	13%	75036.00	
合　　计					¥577200.00		¥75036.00	
价税合计（大写）	⊗陆拾伍万贰仟贰佰叁拾陆元整				（小写） ¥652236.00			
销售方	名　　称：苏州安昆科技股份有限公司 纳税人识别号：913204111114185458 地址、电话：江苏省苏州市吴中区阳光东路88号 0512-36698877 开户行及账号：中国工商银行苏州市吴中支行 0200002356487219763				备注			

收款人：　　复核：　　开票人：王高　　销售方：（章）

第一联：记账联 销售方记账凭证

税总函【XXXX】XXX号 XXXXXXX公司

（印章：苏州安昆科技股份有限公司 913204111114185458 发票专用章）

48—3/3

银行承兑汇票　　2　　38791067 10246663

出票日期（大写）　贰零贰贰年　壹拾贰月　零贰拾日

出票人全称	山西机电制造有限公司	收款人	全　称	苏州安昆科技股份有限公司
出票人账号	0502121609202225488		账　号	0200002356487219763
付款行名称	中国工商银行太原小店支行		开户银行	中国工商银行苏州市吴中支行
出票金额	人民币（大写）陆拾伍万肆仟陆佰叁拾陆元整		亿千百十万千百十元角分	¥ 6 5 4 6 3 6 0 0
汇票到期日（大写）	贰零贰叁年零叁月零贰拾日	付款行	行号	102161000252
承兑协议编号			地址	山西省太原市小店区人民南路14号
本汇票请你行承兑，到期无条件付款。 出票人签章		本汇票已经承兑，到期日由本行付款。 承兑行签章 承兑日期 2023年 3月 20日 备注：		密押 复核　　记账

原件与复印件核对一致

（印章：山西机电制造有限公司 财务专用章；张永强 印；中国工商银行太原小店支行 102161000252 汇票专用章）

此联收款人开户行随托收凭证寄付款行作借方凭证附件

业务 49：49—1/1

领　料　单

领料部门：铸造车间

用　　途：车间耗用　　2022 年 12 月 20 日　　领第 1208 号

材料			单位	数量		成本	
编号	名称	规格		请领	实发	单价	总价（百十万千百十元角分）
ZZ02	劳保鞋		双	20	20	28.00	5 6 0 0 0
ZZ03	耐热手套		副	10	10	5.00	5 0 0 0
合计							¥ 6 1 0 0 0

部门经理：周武　　会计：张天　　仓库：马丽　　经办人：成慧

会计联

业务 50:50—1/1

领　料　单

领料部门：锻造车间

用　　途：车间耗用　　　　2022 年　12 月　20 日　　　　领 第　1209 号

材料			单位	数量		成本									
						单价	总价								
编号	名称	规格		请领	实发		百	十	万	千	百	十	元	角	分
ZZ01	工作服		套	10	10	40.00					4	0	0	0	0
ZZ02	劳保鞋		双	10	10	28.00					2	8	0	0	0
ZZ04	勾扳手		个	30	30	5.00					1	5	0	0	0
合计										¥	8	3	0	0	0

会计联

部门经理：杨国斌　　会计：张天　　仓库：马丽　　经办人：钱钢

业务 51:51—1/1

领　料　单

领料部门：装配车间

用　　途：车间耗用　　　　2022 年　12 月　20 日　　　　领 第　1210 号

材料			单位	数量		成本									
						单价	总价								
编号	名称	规格		请领	实发		百	十	万	千	百	十	元	角	分
ZZ02	劳保鞋		双	10	10	28.00					2	8	0	0	0
ZZ05	法兰盘		个	40	40	14.00					5	6	0	0	0
ZZ06	螺钉		盒	10	10	17.00					1	7	0	0	0
合计									¥	1	0	1	0	0	0

会计联

部门经理：吴天华　　会计：张天　　仓库：马丽　　经办人：张爱

业务 52:52—1/2

领　料　单

领料部门：机修车间

用　　途：车间耗用　　　　2022 年　12 月　20 日　　　　领 第　1211 号

材料			单位	数量		成本									
						单价	总价								
编号	名称	规格		请领	实发		百	十	万	千	百	十	元	角	分
ZZ07	专用工具		把	20	20	42.00					8	4	0	0	0
ZZ02	劳保鞋		双	10	10	28.00					2	8	0	0	0
合计									¥	1	1	2	0	0	0

会计联

部门经理：孙丽　　会计：张天　　仓库：马丽　　经办人：祝可怡

52—2/2

领　料　单

领料部门：动力车间

用　途：车间耗用　　　　2022 年　12 月　20 日　　　　领第　1212 号

材料			单位	数量		成本										
						单价	总价									
编号	名称	规格		请领	实发		百	十	万	千	百	十	元	角	分	
ZZ07	专用工具		把	20	20	42.00					8	4	0	0	0	会
ZZ02	劳保鞋		双	10	10	28.00					2	8	0	0	0	计
																联
合计									¥	1	1	2	0	0	0	

部门经理：孙丽　　会计：张天　　仓库：马丽　　经办人：祝可怡

业务 53：53—1/1

领　料　单

领料部门：管理部门

用　途：日常耗用　　　　2022 年　12 月　20 日　　　　领第　1213 号

材料			单位	数量		成本										
						单价	总价									
编号	名称	规格		请领	实发		百	十	万	千	百	十	元	角	分	
ZZ01	工作服		套	3	3	40.00					1	2	0	0	0	会
																计
																联
合计										¥	1	2	0	0	0	

部门经理：周德　　会计：张天　　仓库：马丽　　经办人：武刚

业务 54：54—1/2

中国工商银行利息凭证

户名：苏州安昆科技股份有限公司　　2022年 12月 21日　　账号：02000023564872197б3

起息日	结息日	天数	积数										利率	利息										
			千	百	十	万	千	百	十	元	角	分		千	百	十	万	千	百	十	元	角	分	
2022年09月21日	2022年12月20日	90天			5	0	0	0	0	0	0	0	0.51%					7	6	2	5	0	1	
2022年11月01日	2022年12月20日	50天			7	0	0	0	0	0	0	0	0.51%					5	9	3	0	5	5	第二联
2022年12月05日	2022年12月20日	16天			1	5	0	0	0	0	0	0	0.51%					4	0	6	6	7	
本金													利息合计			¥	1	3	9	6	2	2	3	回单联
利息合计	人民币壹万叁仟玖佰陆拾贰元贰角叁分																							
(银行盖章)																								

中国工商银行苏州市吴中支行　2022.12.21　办讫章　(01)

54—2/2

短期借款利息已计提明细

编制单位：苏州安昆科技股份有限公司　　制表日期：2022年12月21日　　单位：元

短期借款编号	借款银行	本金	计息期间	年利率	计提利息
114323	中国工商银行苏州市吴中支行	500000.00	2022年09月21日至2022年11月30日	6.1%	5930.56
103264	中国工商银行苏州市吴中支行	700000.00	2022年11月01日至2022年11月30日	6.1%	3558.33

审核：马琳　　制表：张天

业务 55：55—1/2

中国工商银行利息凭证

户名：苏州安昆科技股份有限公司　　2022年12月21日　　账号：0200002356487219763

起息日	结息日	天数	积数										利率	利息									
			千	百	十	万	千	百	十	元	角	分		千	百	十	万	千	百	十	元	角	分
2022年10月01日	2022年12月20日	80天		1	2	0	0	0	0	0	0	0	0.54%				1	7	3	3	3	3	3
本　金													利息合计			¥	1	7	3	3	3	3	3
利息合计	人民币壹万柒仟叁佰叁拾叁元叁角叁分																						

（银行盖章）

中国工商银行苏州市吴中支行
2022.12.21
办讫章
(01)

第三联　回单联

55—2/2

长期借款利息已计提明细

编制单位：苏州安昆科技股份有限公司　　制表日期：2022年12月21日　　单位：元

长期借款编号	借款银行	本金	计息期间	年利率	计提利息	备注
2748563	中国工商银行苏州市吴中支	1200000.00	2022年10月01日至11月30日	6.5%	13000.00	全部用于厂房建造工程

审核：马琳　　制表：张天

业务 56:56—1/2

中国工商银行(苏州吴中)计付存款利息清单 (收款通知)

2022年 12月 21日

单位名称：苏州安昆科技股份有限公司					
结算帐号：0200002356487219763			存款帐号：0200002356487219763		
编号	计息类型	计息起讫日期	计息积数	利率	利息金额
	活期存款利息	2022.09.21-2022.12.20	22452879.2		311.85
摘要：				金额合计	￥311.85
金额合计（大写）人民币叁佰壹拾壹元捌角伍分					

（印章：中国工商银行苏州市吴中支行 2022.12.21 办讫章 (01)）

复核　　　　记账

56—2/2

交通银行(苏州吴中)计付存款利息清单 (收款通知)

2022年 12月 21日

单位名称：苏州安昆科技股份有限公司					
结算账号：02023478451254872			存款账号：02023478451254872		
编号	计息类型	计息起讫日期	计息积数	利率	利息金额
	活期存款利息	2022.09.21-2022.12.20	253857.24	[illegible]	[illegible]
摘要：				金额合计	￥3.53
金额合计（大写）人民币叁元伍角叁分					

（印章：交通银行 苏州吴中支行 2022.12.21 办讫 (01)）

复核　　　　记账

业务 57:57—1/1

工商银行
现金支票存根
10209821
00023480

附加信息

出票日期 2022年12月22日

收款人：苏州安昆科技股份有限公司
金 额：￥6000.00
用 途：提现备用

单位主管 马琳　会计 张天

业务 58:58—1/1

借　款　单

2022年12月22日　　　　第345001　号

借款部门	采购部	姓名	李强	事由	预借差旅费
借款金额（大写）	零万伍仟零佰零拾零元零角零分　¥5000.00				
部门负责人签署	马力	借款人签章	李强	注意事项	一、凡借用公款必须使用本单 二、出差返回后三天内结算
单位领导批示	安东阳	财务经理审核意见	马琳　现金付讫		

业务 59:59—1/3

国家知识产权局专利收费收据

（1）专利—8 № 21130773

国财 02501　　2022 年　12 月　22 日　　☑银行□邮局□现金□支票

今收到　苏州安昆科技股份有限公司

交来　注册商品名称商标　费

金额（大写）贰万肆仟元整　　（小写）¥24000.00

注：1.申请号　XS375766

2.交费日期　2022 年　12 月　22 日

收款人签章　孙莉　　公章　苏州市专利局

第二联　转交款人收据

此收据仅作为收费财务凭证，只有在申请号、缴费日、数额及缴费种类符合专利法和实施细则要求时，才具有专利法律效力。

59—2/3

工商银行
转账支票存根
10209810
00480875

附加信息

出票日期2022年12月22日

收款人：苏州市专利局

金额：¥24000.00

用途：注册商标费

单位主管　马琳　会计　张天

59—3/3

ICBC 中国工商银行　进账单（回　单）2

2022 年　12 月　22 日　　№ 25341809

出票人	全　称	苏州安昆科技股份有限公司	收款人	全　称	苏州市专利局
	账　号	0200002356487219763		账　号	341556020225
	开户银行	中国工商银行苏州市吴中支行		开户银行	中国银行苏州平阳路支行
金额	人民币（大写）	贰万肆仟元整		亿千百十万千百十元角分	￥2400000
票据种类	转账支票	票据张数	1		
票据号码	00480875				

复核：　　记账：

中国工商银行苏州市吴中支行　2022.12.22　业务受理章（01）

开户银行签章

175×85mm　GH 068011

此联是开户银行交给持（出）票人的回单

业务 60：60—1/1

ICBC 中国工商银行　进账单（收方通知）3

2022 年　12 月　22 日　　№ 01362849

出票人	全　称	北京市机床经销有限公司	收款人	全　称	苏州安昆科技股份有限公司
	账　号	0200002725485227758		账　号	0200002356487219763
	开户银行	中国工商银行北京东城支行		开户银行	中国工商银行苏州市吴中支行
金额	人民币（大写）	陆万伍仟元整		亿千百十万千百十元角分	￥6500000
票据种类	转账支票	票据张数	1		
票据号码	98570947				

复核：　　记账：

中国工商银行苏州市吴中支行　2022.12.22　办讫章（01）

收款人开户银行签章

175×85mm　GH 068011

此联是收款人开户银行交给收款人的收账通知

业务 61：61—1/3

报　销　单

填报日期：2022 年 12 月 23 日　　单据及附件共 1 张

姓名	王丰明	所属部门	办公室	报销形式	现金
				支票号码	
报销项目		摘要		金额	备注：
管理费用-业务招待费		招待有关部门考察人员		1200.00	
合计				￥1200.00	
金额大写：零 拾 零 万 壹 仟 贰 佰 零 拾 零 元 零 角 零 分				原借款：￥1500.00 元	应退款：￥300.00 元 应补款：　元

现金付讫

总经理：安东阳　财务经理：马琳　部门经理：王丰明　会计：张天　出纳：刘丽　领款人：王丰明

61—2/3

110011862650　江苏增值税普通发票　№ 26479473　110011862650　26479473

校验码 89510 56842 59421 59641　开票日期：2022年12月23日

购买方	
名称	苏州安昆科技股份有限公司
纳税人识别号	913204111114185458
地址、电话	江苏省苏州市吴中区阳光东路88号 0512-36698877
开户行及账号	中国工商银行苏州市吴中支行 0200002356487219763

密码区：03*3187<4/+8490<+95-59+7<243 4987<0-->>-6>525<693719->7*7 87*3187<4/+8490<+95708681380 9<712/<1+9016>6906++>84>93/-

货物或应税劳务、服务名称	规格型号	单位	数量	单价	金额	税率	税额
*餐饮服务*餐费					1132.08	6%	67.92
合计					¥1132.08		¥67.92
价税合计（大写）	⊗壹仟贰佰元整				（小写）¥1200.00		

销售方	
名称	牡丹商务酒店
纳税人识别号	911101260822123490
地址、电话	苏州市吴中区西三路23栋富豪大厦 01088220666
开户行及账号	中国工商银行苏州吴中支行0200002725485550000

备注：

收款人：　复核：　开票人：唐婉　销售方：（章）

（印章：牡丹商务酒店 911101260822123490 发票专用章）

第二联：发票联　购买方记账凭证

61—3/3

收款收据　NO.00490021

2022年12月23日

今收到办公室王丰明

交来：归还剩余的备用借款

现金收讫

金额（大写）零拾　零万　零仟　叁佰　零拾　零元　零角　零分

¥300.00　☑现金　☐支票　☐信用卡　☐其他　单位（盖章）

核准汪萍　会计张天　记账张天　出纳刘丽　经手人王丰明

（印章：苏州安昆科技股份有限公司 财务专用章）

第三联交财务

业务62：62—1/3

1100182140　江苏增值税专用发票　№ 00892312　1100182140　00892312

开票日期：2022年12月23日

购买方	
名称	苏州安昆科技股份有限公司
纳税人识别号	913204111114185458
地址、电话	江苏省苏州市吴中区阳光东路88号 0512-36698877
开户行及账号	中国工商银行苏州市吴中支行 0200002356487219763

密码区：3-65745<19-+58<384/-04><810 75/37503848*7>+>-2//535667- >*8574567-7<8*/78-+454>4545 257-+565/568-+*33/++52478-+

货物或应税劳务、服务名称	规格型号	单位	数量	单价	金额	税率	税额
*电信服务*电信基础服务					4763.30	9%	428.70
合计							¥428.70
价税合计（大写）	⊗伍仟壹佰玖拾贰元整				（小写）¥5192.00		

销售方	
名称	中国电信江苏分公司
纳税人识别号	911101059827732589
地址、电话	江苏省南京鼓楼区北大街21号 025-38892300
开户行及账号	中国农业银行南京鼓楼支行营业部 512548725458871

备注：

收款人：　复核：　开票人：林仪　销售方：（章）

（印章：中国电信江苏分公司 911101059827732589 发票专用章）

第三联：发票联　购买方记账凭证

62—2/3

1100182140　　**江苏增值税专用发票**　　№ 00892311　　1100182140 00892311

发票联

开票日期：2022年12月23日

购买方	名　　称：苏州安昆科技股份有限公司 纳税人识别号：913204111114185458 地址、电话：江苏省苏州市吴中区阳光东路88号 0512-36698877 开户行及账号：中国工商银行苏州市吴中支行 0200002356487219763	密码区	3-65745<19-+58<384/-04><810 75/37503848*7>+>-2//535667- >*8574567-7<8*/78-+454>4545 257-+565/568-+*33/++52478-+

货物或应税劳务、服务名称	规格型号	单位	数量	单价	金额	税率	税额
*电信服务*电信增值服务					1552.80	6%	93.17
合　　计							¥93.17
价税合计（大写）	⊗壹仟陆佰肆拾伍元玖角柒分				（小写）1645.97		

销售方	名　　称：中国电信江苏分公司 纳税人识别号：911101059827732589 地址、电话：江苏省南京鼓楼区北大街21号 025-38892300 开户行及账号：中国农业银行南京鼓楼支行营业部 512548725458871	备注	

收款人：　　复核：　　开票人：林仪　　销售方：（章）

税总函【XXXX】XXX号 XXXXXXXX公司

第三联：发票联　购买方记账凭证

（印章：中国电信江苏分公司 911101059827732589 发票专用章）

62—3/3

同城特约　　**委托收款** 结算凭证（贷方凭证）　5　No: 02637482

2022年　12月23日

付款人	全　称	苏州安昆科技股份有限公司	收款人	全　称	中国电信江苏分公司
	账　号 或地址	0200002356487219763		账　号	512548725458871
	开户银行	中国工商银行苏州市吴中支行		开户银行	中国农业银行南京鼓楼支行营业部

委收金额	人民币（大写）	陆仟捌佰叁拾柒元玖角柒分	千	百	十	万	千	百	十	元	角	分
						¥	6	8	3	7	9	7

合同号	26494573	款项内容	电话费	附寄单证张数	

（印章：中国工商银行苏州市吴中支行 2022.12.23 办讫章（01））

×国税税发印字（××）第（××）号新德印制

此联付款人开户银行给付款人按期付款的通知

业务 63：63—1/1

领　料　单

领料部门：铸造车间

用　　途：数控机床　　2022年 12月 24日　　第 1213 号

编号	名称	规格	单位	请领	实发	单价	百	十	万	千	百	十	元	角	分
CL001	生铁		吨	5	5	2400.00			1	2	0	0	0	0	0
CL003	焦炭		吨	5	5	500.00				2	5	0	0	0	0
CL004	煤		吨	5	5	160.00					8	0	0	0	0
合计								¥	1	5	3	0	0	0	0

（表头：材料 — 编号、名称、规格；单位；数量 — 请领、实发；成本 — 单价、总价）

会计联

部门经理：孟涵　　会计：张天　　仓库：张利　　经办人：邱慧

业务 64:64—1/2

领　料　单

领料部门：锻造车间

用　　途：数控机床　　　　2022 年 12 月 24 日　　　　领 第 1214 号

材料			单位	数量		成本										
						单价	总价									
编号	名称	规格		请领	实发		百	十	万	千	百	十	元	角	分
CL002	钢		吨	7.5	7.5	2900.00			2	1	7	5	0	0	0
合计								¥	2	1	7	5	0	0	0

会计联

部门经理：杨临晶　　会计：张天　　仓库：刘莉　　经办人：王建

64—2/2

领　料　单

领料部门：锻造车间

用　　途：普通机床　　　　2022 年 12 月 24 日　　　　领 第 1215 号

材料			单位	数量		成本										
						单价	总价									
编号	名称	规格		请领	实发		百	十	万	千	百	十	元	角	分
CL002	钢		吨	5.5	5.5	2900.00			1	5	9	5	0	0	0
CL006	润滑油		千克	10	10	3.50						3	5	0	0
合计								¥	1	5	9	8	5	0	0

会计联

部门经理：杨临晶　　会计：张天　　仓库：刘莉　　经办人：王建

业务 65:65—1/6

领　料　单

领料部门：装配车间

用　　途：数控机床　　　　2022 年 12 月 24 日　　　　领 第 1216 1/3 号

材料			单位	数量		成本										
						单价	总价									
编号	名称	规格		请领	实发		百	十	万	千	百	十	元	角	分
BCP01	电机	X123	台	70	70	1500.00		1	0	5	0	0	0	0	0
BCP02	电机	X345	台	300	300	250.00			7	5	0	0	0	0	0
BCP03	轴承	Q123	套	200	200	340.00			6	8	0	0	0	0	0
BCP04	轴承	Q345	套	300	300	140.00			4	2	0	0	0	0	0
合计							¥	2	9	0	0	0	0	0	0

会计联

部门经理：孟建川　　会计：张天　　仓库：刘丽玲　　经办人：李友

65—2/6

领　料　单

领料部门：装配车间

用　　途：数控机床　　　　2022 年 12 月 24 日　　　　领第 1216 2/3 号

材料			单位	数量		成本									
						单价	总价								
编号	名称	规格		请领	实发		百	十	万	千	百	十	元	角	分
BCP05	标准件		个	450	450	18.00				8	1	0	0	0	0
CL006	润滑油		千克	50	50	3.50					1	7	5	0	0
CL005	油漆		千克	800	800	12.00				9	6	0	0	0	0
合计								¥	1	7	8	7	5	0	0

会计联

部门经理：孟建川　　会计：张天　　仓库：刘丽玲　　经办人：李友

65—3/6

领　料　单

领料部门：装配车间

用　　途：数控机床　　　　2022 年 12 月 24 日　　　　领第 1216 3/3 号

材料			单位	数量		成本									
						单价	总价								
编号	名称	规格		请领	实发		百	十	万	千	百	十	元	角	分
CL007	专用工具		把	2000	2000	42.00			8	4	0	0	0	0	0
CL008	包装箱		个	50	50	380.00			1	9	0	0	0	0	0
合计							¥	1	0	3	0	0	0	0	0

会计联

部门经理：孟建川　　会计：张天　　仓库：刘丽玲　　经办人：李友

65—4/6

领　料　单

领料部门：装配车间

用　　途：普通机床　　　　2022 年 12 月 24 日　　　　领第 1217 1/3 号

材料			单位	数量		成本									
						单价	总价								
编号	名称	规格		请领	实发		百	十	万	千	百	十	元	角	分
BCP01	电机	X123	台	10	10	1500.00			1	5	0	0	0	0	0
BCP02	电机	X345	台	50	50	250.00			1	2	5	0	0	0	0
BCP03	轴承	Q123	套	20	20	340.00				6	8	0	0	0	0
BCP04	轴承	Q345	套	50	50	140.00				7	0	0	0	0	0
合计								¥	4	1	3	0	0	0	0

会计联

部门经理：孟建川　　会计：张天　　仓库：刘丽玲　　经办人：李友

65—5/6

领　料　单

领料部门：装配车间

用　　途：普通机床　　　　2022 年　12 月　24 日　　　　领第　1217 2/3 号

材料			单位	数量		成本									
						单价	总价								
编号	名称	规格		请领	实发		百	十	万	千	百	十	元	角	分
CL006	润滑油		千克	40	40	3.50					1	4	0	0	0
CL005	油漆		千克	200	200	12.00				2	4	0	0	0	0
BCP05	标准件		个	160	160	18.00				2	8	8	0	0	0
合计									¥	5	4	2	0	0	0

会计联

部门经理：孟建川　　会计：张天　　仓库：刘丽玲　　经办人：李友

65—6/6

领　料　单

领料部门：装配车间

用　　途：普通机床　　　　2022 年　12 月　24 日　　　　领第　1217 3/3 号

材料			单位	数量		成本									
						单价	总价								
编号	名称	规格		请领	实发		百	十	万	千	百	十	元	角	分
CL007	专用工具		把	300	300	42.00			1	2	6	0	0	0	0
CL008	包装箱		个	20	20	380.00				7	6	0	0	0	0
合计								¥	2	0	2	0	0	0	0

会计联

部门经理：孟建川　　会计：张天　　仓库：刘丽玲　　经办人：李友

业务 66：66—1/2

领　料　单

领料部门：机修车间

用　　途：检修基本生产设备　　　　2022 年　12 月　24 日　　　　领第　1218 号

材料			单位	数量		成本									
						单价	总价								
编号	名称	规格		请领	实发		百	十	万	千	百	十	元	角	分
BCP05	标准件		个	50	50	18.00					9	0	0	0	0
CL006	润滑油		千克	30	30	3.5					1	0	5	0	0
CL007	专用工具		把	50	50	42.00				2	1	0	0	0	0
合计									¥	3	1	0	5	0	0

会计联

部门经理：陈水生　　会计：张天　　仓库：刘丽玲　　经办人：秦可怡

66—2/2

领 料 单

领料部门：动力车间

用　途：日常维护　　　2022 年 12 月 24 日　　　领第 1219 号

材料			单位	数量		成本										会计联
						单价	总价									
编号	名称	规格		请领	实发		百	十	万	千	百	十	元	角	分	
BCP05	标准件		个	5	5	18.00						9	0	0	0	
CL006	润滑油		千克	3	3	3.5						1	0	5	0	
CL007	专用工具		把	5	5	42.00					2	1	0	0	0	
合计										¥	3	1	0	5	0	

部门经理：陈水生　　会计：张天　　仓库：刘丽玲　　经办人：秦可怡

业务 67：67—1/3

销售单

购货单位：北京顺大集团有限公司　　地址和电话：北京市东城区翠微路13号 01090053167　　单据编号：XS20141205

纳税识别号：911101011208217734　　开户行及账号：交通银行北京东单支行 110017252025425231269　　制单日期：2022年12月24日

编码	产品名称	规格	单位	单价	数量	金额	备注	会计联
CP001	普通机床		台	27500.00	10	275000.00	不含税价	
合计	人民币（大写）：贰拾柒万伍仟元整					¥275000.00		

总经理：安东阳　　销售经理：刘莉　　经手人：马兵　　会计：张天　　签收人：许苑

67—2/3

1100182140

江苏增值税专用发票

№ 60972958　　1100182140　60972958

此联不作报销、扣税凭证使用

开票日期：2022年12月24日

购买方	名称：北京顺大集团有限公司 纳税人识别号：911101011208217734 地址、电话：北京市东城区翠微路13号 01090053167 开户行及账号：交通银行北京东单支行 110017252025425231269	密码区	3-65745<19458<3840481-0+45- 75/37503848*7>+>-2//5*343/3 >*8574-3/-7<8*3448*4509/3+3 3457<565>56-+565/677>57<754

货物或应税劳务、服务名称	规格型号	单位	数量	单价	金额	税率	税额
普通机床		台	10	27500.00	275000.00	13%	35750.00
合计					¥[illegible]		¥35750.00
价税合计（大写）	⊗叁拾壹万零柒佰伍拾元整				（小写）¥3107[illegible]		

销售方	名称：苏州安昆科技股份有限公司 纳税人识别号：91320411114185458 地址、电话：江苏省苏州市吴中区阳光东路88号 0512-36698877 开户行及账号：中国工商银行苏州市吴中支行 0200002356487219763	备注	苏州安昆科技股份有限公司 91320411114185458 发票专用章

收款人：　　复核：　　开票人：智明　　销售方：（章）

税总函【XXXX】XXX号 XXXXXXXX公司

第一联：记账联　销售方记账凭证

67—3/3

ICBC 中国工商银行　　进账单（收方通知）3

2022 年　12 月　24 日　　№ 01362637

出票人	全　称	北京顺大集团有限公司	收款人	全　称	苏州安昆科技股份有限公司
	账　号	110017252025425231269		账　号	0200002356487219763
	开户银行	交通银行北京东单支行		开户银行	中国工商银行苏州市吴中支行
金额	人民币（大写）	叁拾壹万零柒佰伍拾元整		亿千百十万千百十元角分	¥ 3 1 0 7 5 0 0 0
票据种类	转账支票	票据张数	1		
票据号码	75845263				
复核：	记账：			收款人开户银行签章	

中国工商银行苏州市吴中支行　2022.12.24　办讫章　(01)

此联是收款人开户银行交给收款人的收账通知

175×85mm　GH 068011

业务 68:68—1/1

领　料　单

领料部门：市场营销部

用　途：随产品销售　　2022 年　12 月　24 日　　领 第　1219 号

材料 编号	材料 名称	材料 规格	单位	数量 请领	数量 实发	成本 单价	成本 总价（百十万千百十元角分）
CL008	包装箱		个	10	10	380.00	3 8 0 0 0 0
合 计							¥ 3 8 0 0 0 0

部门经理：刘莉　　会计：张天　　仓库：刘丽玲　　经办人：王涛

会计联

业务 69:69—1/3

销 售 单

购货单位北京天启机床有限公司　　地址和电话北京市西城区车公庄大街53号 01070308385　　单据编号：XS20141206

纳税识别号：911101021643604012　　开户行及账号：中国工商银行北京西直门支行 0200982763122548712　　制单日期：2022年12月25日

编码	产品名称	规格	单位	单价	数量	金额	备注
CL002	钢		吨	3420.00	3	10260.00	不含税价
合 计	人民币（大写）：壹万零贰佰陆拾元整					¥10260.00	

总经理：安东阳　　销售经理：刘莉　　经手人：王涛　　会计：张天　　签收人：吕志远

会计联

69—2/3

1100182140

江苏增值税专用发票

此联不作报销、扣税凭证使用

№ 60972957

1100182140
60972957

开票日期：2022年12月25日

购买方	名称：北京天启机床有限公司 纳税人识别号：911101021643604012 地址、电话：北京市西城区车公庄大街53号 01070308385 开户行及账号：中国工商银行北京西直门支行 0200982763122548712			密码区	3-/4+45<19458<3840481-0+45- 75/37503848*7>+>-2//5*343/3 >*8574567-7<8*3448*4509/3+3 3457<565>56-+565/677>57<754		
货物或应税劳务、服务名称	规格型号	单位	数量	单价	金额	税率	税额
钢		吨	3	3420.00	10260.00	13%	1333.80
合计					¥10260.00		¥1333.80
价税合计（大写）	⊗壹万壹仟伍佰玖拾叁元捌角整				（小写）¥11593.80		
销售方	名称：苏州安昆科技股份有限公司 纳税人识别号：91320411114185458 地址、电话：江苏省苏州市吴中区阳光东路88号 0512-36698877 开户行及账号：中国工商银行苏州市吴中支行 0200002356487219763			备注			

收款人：　复核：　开票人：王言　销售方：（章）

苏州安昆科技股份有限公司 91320411114185458 发票专用章

税总函【XXXX】XXX号 XXXXXXX公司

第一联：记账联　销售方记账凭证

69—3/3

ICBC 中国工商银行　进账单（收方通知）3

2022年 12月 25日　№01363658

出票人	全称	北京天启机床有限公司	收款人	全称	苏州安昆科技股份有限公司
	账号	0200982763122548712		账号	0200002356487219763
	开户银行	中国工商银行北京西直门支行		开户银行	中国工商银行苏州市吴中支行
金额	人民币（大写）	壹万壹仟伍佰玖拾叁元捌角整		亿千百十万千百十元角分	¥1159380
票据种类	转账支票	票据张数	1		
票据号码	26478736				
复核：	记账：			收款人开户银行签章	

中国工商银行苏州市吴中支行 2022.12.25 办讫章 (01)

175×85mm GH 08011

此联是收款人开户银行交给收款人的收账通知

业务 70：70—1/1

出　库　单

出货单位：苏州安昆科技股份有限公司　2022年 12月 25日　单号：CK111208

提货单位或领货部门	北京天启机床有限公司	销售单号	XS20141206	发出仓库	原料仓库	出库日期	2022.12.25
编号	名称及规格	单位	数量 应发	数量 实发	单价	金额	
CL002	钢	吨	3	3	2900.00	8700.00	
合计						¥8700.00	

部门经理：刘莉　会计：张天　仓库：刘丽玲　经办人：茂名

会计联

业务 71:71—1/2

领　料　单

领料部门：机修车间

用　　途：检修基本生产设备　　　　2022 年　12 月　25 日　　　　领 第　1220 号

材料			单位	数量		成本										
						单价	总价									
编号	名称	规格		请领	实发		百	十	万	千	百	十	元	角	分	
CL002	钢		吨	2	2	2900.00				5	8	0	0	0	0	会
																计
																联
合计									¥	5	8	0	0	0	0	

部门经理：罗浩　　　会计：张天　　　仓库：李琴　　　经办人：李友

71—2/2

领　料　单

领料部门：动力车间

用　　途：动力供给　　　　2022 年　12 月　25 日　　　　领 第　1220 号

材料			单位	数量		成本										
						单价	总价									
编号	名称	规格		请领	实发		百	十	万	千	百	十	元	角	分	
CL008	煤		吨	2	2	160.00					3	2	0	0	0	会
																计
																联
合计										¥	3	2	0	0	0	

部门经理：罗浩　　　会计：张天　　　仓库：李琴　　　经办人：李友

业务 72:72—1/3

1101182650　　**江苏增值税专用发票**　　№ 30961856　　1101182650 30961856

开票日期：2022年12月25日

购买方　名　　称：苏州安昆科技股份有限公司
纳税人识别号：91320411114185458
地 址、电 话：江苏省苏州市吴中区阳光东路88号 0512-36698877
开户行及账号：中国工商银行苏州市吴中支行 0200002356487219763

密码区：
3-65745<19458<3840481-0+45-
75/37503848*7>+>-2//5*343/3
>*8574567-7<8*3448*4509/3+3
3457<565>56-+565/677>57-+23

货物或应税劳务、服务名称	规格型号	单位	数量	单价	金额	税率	税额
*劳务*修理费					9200.00	13%	1196.00
合计					¥[illegible].00		¥1196.00

价税合计（大写）　⊗壹万零叁佰玖拾陆元整　　（小写）¥10396.00

销售方　名　　称：江苏邓旭机修有限公司
纳税人识别号：911101081551153134
地 址、电 话：苏州市相城区西三环西华路99号 01066238800
开户行及账号：中国工商银行苏州相城支行0200982763122245685

备注：

收款人：　　复核：　　开票人：李一　　销售方：（章）

江苏邓旭机修有限公司 911101081551153134 发票专用章

第三联：发票联　购买方记账凭证

72—2/3

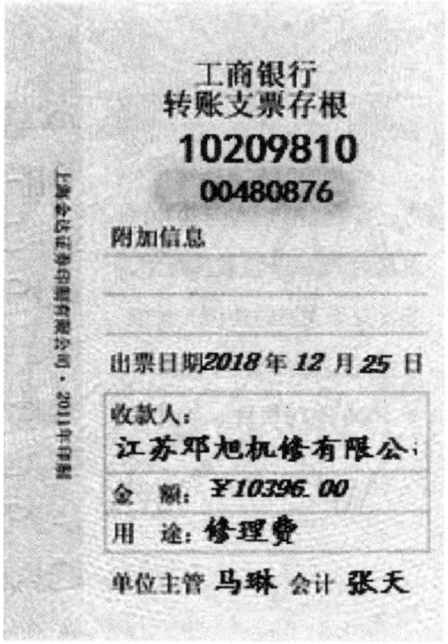

工商银行
转账支票存根
10209810
00480876
附加信息

出票日期2018年12月25日

收款人：江苏邓旭机修有限公司
金　额：¥10396.00
用　途：修理费

单位主管 马琳　会计 张天

72—3/3

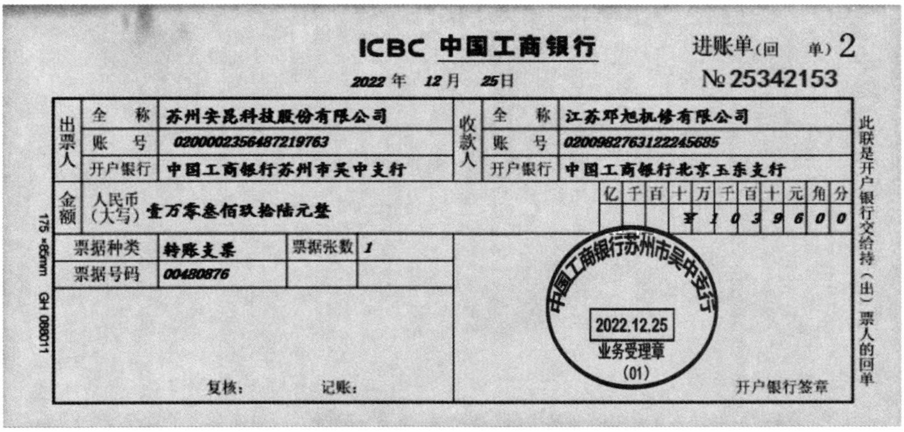

ICBC 中国工商银行　进账单（回　单）2

2022年　12月　25日　№25342153

出票人	全　称	苏州安昆科技股份有限公司	收款人	全　称	江苏邓旭机修有限公司
	账　号	02000023564872197763		账　号	02009827631222456855
	开户银行	中国工商银行苏州市吴中支行		开户银行	中国工商银行北京五东支行
金额	人民币（大写）壹万零叁佰玖拾陆元整				¥1039600
票据种类	转账支票	票据张数 1			
票据号码	00480876				
复核：　记账：			开户银行签章		

中国工商银行苏州市吴中支行 2022.12.25 业务受理章 (01)

此联是开户银行交给持（出）票人的回单

175×85mm GH 068011

业务73：73—1/2

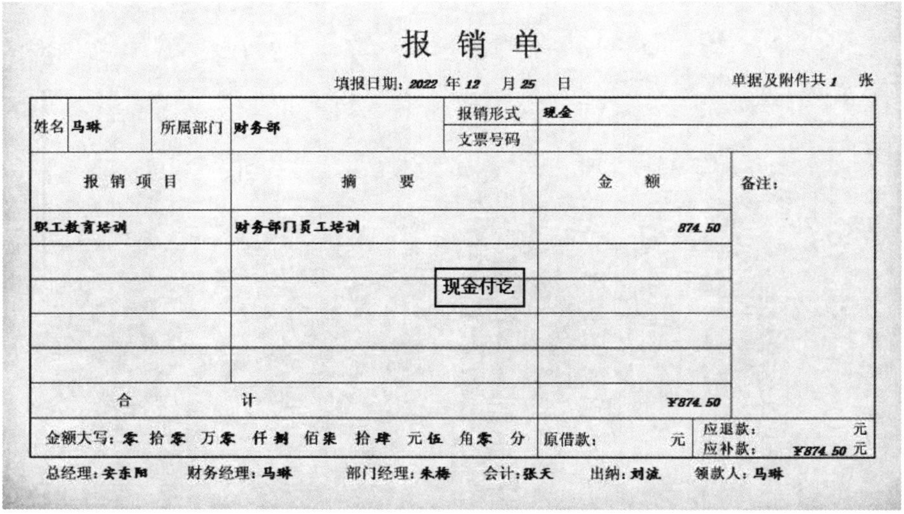

报　销　单

填报日期：2022年12月25日　单据及附件共1张

姓名	马琳	所属部门	财务部	报销形式	现金
				支票号码	
报销项目		摘要		金额	备注：
职工教育培训		财务部门员工培训		874.50	
合计				¥874.50	
金额大写：零 拾 零 万 零 仟 捌 佰 柒 拾 肆 元 伍 角 零 分				原借款：　元	应退款：　元 应补款：¥874.50元

现金付讫

总经理：安东阳　财务经理：马琳　部门经理：朱梅　会计：张天　出纳：刘流　领款人：马琳

73—2/2

1100182140　北京增值税专用发票　№ 94758362

1100182140
94758362

发票联

开票日期：2022年12月25日

购买方	名　　称：苏州安昆科技股份有限公司 纳税人识别号：913204111114185458 地址、电话：江苏省苏州市吴中区阳光东路88号 0512-36698877 开户行及账号：中国工商银行苏州市吴中支行 0200002356487219763	密码区	3-65745<19458<3840481-0+45- 75/3750-+48*7>+>-2//5*343/3 >*8574567-7<8*3448*4509/3+3 3457<565>56-+565/077>57<754

货物或应税劳务、服务名称	规格型号	单位	数量	单价	金额	税率	税额
培训费					825.00	6%	49.50
合　　计					¥825.00		¥49.50
价税合计（大写）	⊗捌佰柒拾肆元伍角整				（小写）¥874.50		

销售方	名　　称：北京思锐咨询有限公司 纳税人识别号：911101013647872612 地址、电话：北京市西城区宣爱路丰盛大厦15层 01086330522 开户行及账号：中国工商银行北京西城支行0200002725485550001	备注	

收款人：　复核：　开票人：施南浩　销售方：（章）

（印章：北京思锐咨询有限公司 911101013647872612 发票专用章）

第三联：发票联　购买方记账凭证

业务74:74—1/3

110011862140　江苏增值税普通发票　№ 27364862

110011862140
27364862

校验码 85420 58912 25413 24120

开票日期：2022年12月25日

购买方	名　　称：苏州安昆科技股份有限公司 纳税人识别号：913204111114185458 地址、电话：江苏省苏州市吴中区阳光东路88号 0512-36698877 开户行及账号：中国工商银行苏州市吴中支行 0200002356487219763	密码区	3-65745<19458<3840481-0+45- 75/37503848*7>+>-2//5*343/3 >*8574567-7<8*3448*4509/3+3 3457<565>56-+565/677>57-+23

货物或应税劳务、服务名称	规格型号	单位	数量	单价	金额	税率	税额
*畜禽产品*伊利酸奶		箱	174	22.00	3828.00	13%	497.64
*油料*金龙鱼调和油		桶	174	42.00	7308.00	13%	950.04
*家用厨房电器具*美的豆浆机		台	87	173.724	15114.00	13%	1964.82
*油料*橄榄油		瓶	10	69.69	696.90	13%	90.60
合　　计					¥2[illegible].90		¥3503.10
价税合计（大写）	⊗叁万零肆佰伍拾元整				（小写）¥30450.00		

销售方	名　　称：苏州沃尔玛商贸有限公司 纳税人识别号：911101016574653412 地址、电话：苏州市相城区宣爱路888号 01066536623 开户行及账号：中国工商银行苏州相城支行0200002354978746253	备注	

收款人：　复核：　开票人：尹捷　销售方：（章）

（印章：苏州沃尔玛商贸有限公司 发票专用章）

第二联：发票联　购买方记账凭证

74—2/3

工商银行
转账支票存根

10209810
00480877

附加信息

出票日期 2022 年 12 月 25 日

收款人：苏州沃尔玛商贸有限

金　额：¥30450.00

用　途：采购福利品

单位主管 马琳　会计 张天

74—3/3

ICBC 中国工商银行 进账单（回 单） 2

2022 年 12 月 25 日 №25345987

出票人	全 称	苏州安昆科技股份有限公司	收款人	全 称	苏州沃尔玛商贸有限公司
	账 号	0200002356487219763		账 号	0200002354978746253
	开户银行	中国工商银行苏州市吴中支行		开户银行	中国工商银行苏州相城支行
金额	人民币（大写）	叁万零肆佰伍拾元整		亿千百十万千百十元角分	¥ 3 0 4 5 0 0 0
票据种类	转账支票	票据张数	1		
票据号码	00480877				

复核： 记账： 开户银行签章

中国工商银行苏州市吴中支行 2022.12.25 业务受理章 (01)

此联是开户银行交给持（出）票人的回单

175×85mm GH 088011

业务 75：75—1/1

银河证券苏州吴中营业部交割单

客户编号：226354672 名称：苏州安昆科技股份有限公司 对账日期：2022年12月25日 打印柜员：2245

资金信息：

币种	资金余额	可用金额	可取金额	资产总值
人民币	74094.25	74094.25	74094.25	324094.25

流水明细：

日期	币种	业务标志	证券名称	证券代码	发生数量	成交均价	佣金	印花税	其他费	收付金额	资金余额	备注
2022.12.25	人民币	股票卖出	渤海	003523	3500	14.6207	527.83	51.17		50594.25	74094.25	

证券名称	证券代码	当前数	可用数	最新价	市值	币种
刚玉	003820	20000	20000	12.50	250000.00	人民币

银河证券股份有限公司

业务 76：76—1/3

1101182140 **上海增值税专用发票** № 53648762 1101182140 53648762

开票日期：2022年12月28日

购买方	名 称：苏州安昆科技股份有限公司 纳税人识别号：913204111114185458 地 址、电 话：江苏省苏州市吴中区阳光东路88号 0512-36698877 开户行及账号：中国工商银行苏州市吴中支行 0200002356487219763	密码区	3-65745<19458<3840481-0+45- 75/37503848*7>+>-2//5*343/3 >*8574567-7<8*3448*4509/3+3 3457<565>56-+565/677>57-+23

货物或应税劳务、服务名称	规格型号	单位	数量	单价	金额	税率	税额
*不动产*厂房建造					200000.00	9%	18000.00
合 计					¥200000.00		¥18000.00
价税合计（大写）	⊗贰拾壹万捌仟元整				（小写） ¥218000.00		

销售方	名 称：大地建筑工程有限公司 纳税人识别号：911101141551122456 地 址、电 话：上海市浦东区五环新三东路833号 01092883300 开户行及账号：中国工商银行上海浦东分理处0200982763155879856	备注	厂房建造工程

收款人： 复核： 开票人：陈剑 销售方：（章）

大地建筑工程有限公司 911101141551122456 发票专用章

第三联：发票联 购买方记账凭证

税总函【XXXX】XXX号 XXXXXXXX公司

76—2/3

工商银行
转账支票存根
10209810
00480878

附加信息

出票日期 2022 年 12 月 28 日

收款人：大地建筑工程有限公司	
金　额：	¥218000.00
用　途：	工程款

单位主管 马琳 会计 张天

上海金达证券印刷有限公司·2011年印制

76—3/3

ICBC 中国工商银行　进账单(回　单) 2

2022 年 12 月 28 日　№ 25346182

出票人	全　称	苏州安昆科技股份有限公司	收款人	全　称	大地建筑工程有限公司
	账　号	0200002356487219763		账　号	0200982763155879856
	开户银行	中国工商银行苏州市吴中支行		开户银行	中国工商银行上海浦东分理处
金额	人民币（大写）	贰拾壹万捌仟元整		亿千百十万千百十元角分	¥21800000
票据种类	转账支票	票据张数	1		
票据号码	00480878				
复核：	记账：			开户银行签章	

中国工商银行苏州市吴中支行 2022.12.28 业务受理章 (01)

此联是开户银行交给持（出）票人的回单

175×85mm GH 08011

业务 77：77—1/3

1100182140　江苏增值税专用发票　№ 64859635

1100182140
64859635

开票日期：2022年12月31日

购买方	名　　称：苏州安昆科技股份有限公司 纳税人识别号：913204111114185458 地 址、电 话：江苏省苏州市吴中区阳光东路88号 0512-36698877 开户行及账号：中国工商银行苏州市吴中支行 0200002356487219763	密码区 3-65745<19458<3840481-0+45- 75/37503848*7>+>-2//5*343/3 >*85/-367-7<8*3448*4509/3+3 3457<565>56-+565/677>57<754

货物或应税劳务、服务名称	规格型号	单位	数量	单价	金额	税率	税额
*供电*电费		千瓦时	77750	0.80	62200.00	13%	8086.00
合　　计					¥62[illegible]		¥8086.00
价税合计（大写）	⊗柒万零贰佰捌拾陆元整				（小写） ¥70286.[illegible]		

销售方	名　　称：苏州市电力集团有限公司 纳税人识别号：911101021534534589 地 址、电 话：苏州市相城区西四北大街657号01087826758 开户行及账号：中国建设银行苏州相城支行 11001016600053004401	备注

收款人：　复核：　开票人：李平　销售方：（章）

苏州市电力集团有限公司 911101021534534589 发票专用章

第三联：发票联　购买方记账凭证

77—2/3

同城特约

委托收款 结算凭证（贷方凭证）　5　No: 365748973

2022年　12月31日

付款人	全　称	苏州安昆科技股份有限公司	收款人	全　称	苏州市电力集团有限公司
	账　号或地址	0200002356487219763		账　号	11001016600053004401
	开户银行	中国工商银行苏州市吴中支行		开户银行	中国建设银行苏州相城支行
委收金额	人民币（大写）	柒万零贰佰捌拾陆元整		千百十万千百十元角分	￥7028600
合同号	DD847392		款项内容	电费	附寄单证张数

中国工商银行苏州市吴中支行 2022.12.31 办讫章 (01)

×国税税设印字（××）第（××）号顺德印制

此联付款人开户银行给付款人按期付款的通知

77—3/3

电费分配表

苏州安昆科技股份有限公司　　2022年12月　　单位:元

使用部门	耗用量(千瓦时)	单价	金　额
铸造车间	22152	0.8	17721.60
锻造车间	18558	0.8	14846.40
装配车间	20245	0.8	16196.00
机修车间	6400	0.8	5120.00
动力车间	6350	0.8	5080.00
管理部门	4045	0.8	3236.00
合　计	77750		62200.00

主管:马琳　　审核:陆远　　制单:张天

业务78:78—1/3

1100182140　　**江苏增值税专用发票**　　№ 64759873　　1100182140　64759873

开票日期:2022年12月31日

购买方	名　称:苏州安昆科技股份有限公司 纳税人识别号:913204111114185458 地　址、电　话:江苏省苏州市吴中区阳光东路88号 0512-36698877 开户行及账号:中国工商银行苏州市吴中支行 0200002356487219763				密码区	3-65745<19458<3840481-0+45- 75/3798-848*7>+>-2//5*343/3 >*8574567-7<8*3448*4509/3+3 3457<565>56-+565/677>57<754	
货物或应税劳务、服务名称	规格型号	单位	数量	单价	金额	税率	税额
工业用水		吨	1335	4.2	5607.00	9%	504.63
合　计					¥5		¥504.63
价税合计（大写）	⊗陆仟壹佰壹拾壹元陆角叁分				（小写）¥6111.6		
销售方	名　称:苏州市自来水集团有限公司 纳税人识别号:911101021497881678 地　址、电　话:苏州市相城区河北街1号01094685573 开户行及账号:中国工商银行苏州相城支行 0200982236598569891				备注		

收款人:　　复核:　　开票人:林玲　　销售方:（章）

苏州市自来水集团有限公司 911101021497881678 发票专用章

第三联：发票联　购买方记账凭证

78—2/3

同城特约

委托收款 结算凭证（贷方凭证）　5　No: 627485983

2022年 12月31日

付款人	全称	苏州安昆科技股份有限公司	收款人	全称	苏州市自来水集团有限公司
	账号或地址	0200002356487219763		账号	0200982236598569891
	开户银行	中国工商银行苏州市吴中支行		开户银行	中国工商银行苏州相城支行

委收金额	人民币（大写）陆仟壹佰壹拾壹元陆角叁分	千	百	十	万	千	百	十	元	角	分
					¥	6	1	1	1	6	3

合同号	SS323874	款项内容	水费	附寄单证张数	

中国工商银行苏州市吴中支行 2022.12.31 办讫章 (01)

×国税税发印字（××）第（××）号顺德印制

此联付款人开户银行给付款人按期付款的通知

78—3/3

水费分配表

苏州安昆科技股份有限公司　　2022年12月　　单位:元

使用部门	耗用量(吨)	单　价	金　额
铸造车间	300	4.2	1260.00
锻造车间	210	4.2	882.00
装配车间	150	4.2	630.00
机修车间	48	4.2	201.60
动力车间	52	4.2	218.40
管理部门	575	4.2	2415.00
合　计	1335		5607.00

主管:马琳　　审核:陆远　　制单:张天

业务 79:79—1/2

固定资产折旧计算表

编制单位:						2022年12月				单位:
使用部门	类别	品名	单位	数量	单价	原始金额	预计残值率	预计使用年限	月折旧率（%）	本月折旧额
铸造车间	房屋及建筑物	第一厂房	栋	1	2040000	2040000	4%	20	0.40%	
	机器设备	A机器	台	4	241250	965000	4%	10	0.80%	
	生产用工具	A工具	组	8	4000	32000	4%	5	1.60%	
	小　　计					3037000				
锻造车间	房屋及建筑物	第二厂房	栋	1	2380000	2380000	4%	20	0.40%	
	机器设备	B机器	台	4	121250	485000	4%	10	0.80%	
	生产用工具	B工具	组	8	4000	32000	4%	5	1.60%	
	小　　计					2897000				
装配车间	房屋及建筑物	第三厂房	栋	1	2176000	2176000	4%	20	0.40%	
	机器设备	C机器	台	4	57500	230000	4%	10	0.80%	
	生产用工具	C工具	组	8	4000	32000	4%	5	1.60%	
	小　　计					2438000				
机修车间	房屋及建筑物	第三厂房	栋	1	102000	102000	4%	20	0.40%	
	机器设备	D机器	台	3	55000	165000	4%	10	0.80%	
	小　　计					267000				
动力车间	房屋及建筑物	第四厂房	栋	1	102000	102000	4%	20	0.40%	
	机器设备	E机器	台	3	55000	165000	4%	10	0.80%	
	小　　计					267000				
管理部门	房屋及建筑物	办公楼	栋	1	2000000	2000000	4%	20	0.40%	
	机器设备	F机器	台	3	13000	39000	4%	10	0.80%	
	生产用工具	F工具	组	50	4226	211300	4%	5	1.60%	
	运输工具	汽车	台	5	122540	612700	4%	4	2.00%	
	电子设备	其他		120		442500	4%	3	2.67%	
	小　　计					3305500				
合计	合计					12,211,500				
主管:				审核:				制单:		

79—2/2

投资性房地产折旧计算表

编制单位:				2022年12月				单位:
类别	品名	单位	数量	单价	预计残值率	预计使用年限	月折旧率（%）	本月折旧额
投资性房地产	仓库	栋	1	600000.00	4%	20		
主管:				审核:				制单:

业务 80:80—1/1

无形资产摊销表

编制单位:			2022年12月			单位:	
序号	无形资产名称	费用科目	原值	预计残值率	摊销年限	月摊销额	累计摊销额（含本月）
1	专利权	管理费用	2136000.00	0	10		
2	商标权	管理费用	24000.00	0	10		
主管:			审核:				制单:

业务 81:81—1/4

入　库　单

2022 年　12 月　04 日　　　　单号 RK1112001

交来单位及部门	长江钢铁集团有限公司	发票号码或生产单号码	60978674	验收仓库	材料仓库	入库日期	2022.12.04

编号	名称及规格	单位	数量		实际价格		计划价格		价格差异
			交库	实收	单价	金额	单价	金额	
CL002	钢	吨	28	28	3178.57	89000.00	2900.00	81200.00	7800.00
合计						¥89000.00		¥81200.00	¥7800.00

会计联

部门经理：刘丽　　会计：张天　　仓库：马小楠　　经办人：刘海

81—2/4

入　库　单

2022 年　12 月　08 日　　　　单号 RK1112003

交来单位及部门	上海黄河钢铁有限公司	发票号码或生产单号码	36475857	验收仓库	材料仓库	入库日期	2022.12.08

编号	名称及规格	单位	数量		实际价格		计划价格		价格差异
			交库	实收	单价	金额	单价	金额	
CL002	钢	吨	5	5	4400.00	22000.00	2900.00	14500.00	7500.00
合计						¥22000.00		¥14500.00	¥7500.00

会计联

部门经理：刘丽　　会计：张天　　仓库：马小楠　　经办人：刘海

81—3/4

入　库　单

2022 年　12 月　10 日　　　　单号 RK1112005

交来单位及部门	宏达集团有限公司	发票号码或生产单号码	74657254	验收仓库	材料仓库	入库日期	2022.12.10

编号	名称及规格	单位	数量		实际价格		计划价格		价格差异
			交库	实收	单价	金额	单价	金额	
CL002	钢	吨	51	51	3100.00	158100.00	2900.00	147900.00	10200.00
合计						¥158100.00		¥147900.00	¥10200.00

会计联

部门经理：刘丽　　会计：张天　　仓库：马小楠　　经办人：刘海

81—4/4

入　库　单

2022 年　12 月　31 日　　　　单号 RK1112004

交来单位及部门	河南安阳煤矿有限公司	发票号码或生产单号码	37583617	验收仓库	材料仓库	入库日期	2022.12.31

编号	名称及规格	单位	数量		实际价格		计划价格		价格差异
			交库	实收	单价	金额	单价	金额	
CL004	煤	吨	280	280	200.00	56000.00	160.00	44800.00	11200.00
合计						¥56000.00		¥44800.00	¥11200.00

会计联

部门经理：刘丽　　会计：张天　　仓库：马小楠　　经办人：刘海

业务 82:82—1/4

入　库　单

2022 年　12 月　31 日　　　　单号 RK1112006

交来单位及部门	北京市清远物资有限公司	发票号码或生产单号码	36475842	验收仓库	材料仓库	入库日期	2022.12.31

编号	名称及规格	单位	数量		实际价格		计划价格		价格差异
			交库	实收	单价	金额	单价	金额	
ZZ02	劳保鞋	双	55	55	31.60	1738.00	28.00	1540.00	198.00
ZZ03	耐热手套	副	15	15	5.40	81.00	5.00	75.00	6.00
合　计						¥1819.00		¥1615.00	¥204.00

会计联

部门经理：刘丽　　会计：张天　　仓库：马小楠　　经办人：刘海

82—2/4

入　库　单

2022 年　12 月　11 日　　　　单号 RK1112007

交来单位及部门	北京市清远物资有限公司	发票号码或生产单号码	36475905	验收仓库	材料仓库	入库日期	2022.12.11

编号	名称及规格	单位	数量		实际价格		计划价格		价格差异
			交库	实收	单价	金额	单价	金额	
CL006	润滑油	千克	100	100	3.50	350.00	3.50	350.00	0.00
合　计						¥350.00		¥350.00	

会计联

部门经理：刘丽　　会计：张天　　仓库：马小楠　　经办人：刘海

82—3/4

入　库　单

2022 年　12 月　06 日　　　　单号 RK1112002

交来单位及部门	山西鸿远轴承销售有限公司	发票号码或生产单号码	60977583	验收仓库	材料仓库	入库日期	2022.12.06

编号	名称及规格	单位	数量		实际价格		计划价格		价格差异
			交库	实收	单价	金额	单价	金额	
BCP03	轴承Q123	套	100	100	380.00	38000.00	340.00	34000.00	4000.00
合　计						¥38000.00		¥34000.00	¥4000.00

会计联

部门经理：刘丽　　会计：张天　　仓库：马小楠　　经办人：刘海

82—4/4

入　库　单

2022 年　12 月　31 日　　　　单号 RK1112008

交来单位及部门	北京临溪木器有限公司	发票号码或生产单号码	36475905	验收仓库	材料仓库	入库日期	2022.12.31

编号	名称及规格	单位	数量		实际价格		计划价格		价格差异
			交库	实收	单价	金额	单价	金额	
CL008	包装箱	个	70	70	390.00	27300.00	380.00	26600.00	700.00
合　计						¥27300.00		¥26600.00	¥700.00

会计联

部门经理：刘丽　　会计：张天　　仓库：马小楠　　经办人：刘海

业务 83:83—1/3

薪资汇总表

公司：苏州安昆科技股份有限公司　　2022年12月　　单位：元

部门		应发工资	社保		住房公积金		含税工资	个税	实发工资	工会经费	非货币性福利	职工教育经费	公司总支出
			个人	公司	个人	公司							
铸造车间	管理人员	5700.00	510.20	1606.12	397.80	397.80	4792.00	0.00	4792.00	110.50	350.00	0.00	8164.42
	个人	48731.66	5004.44	15675.81	3922.70	3922.70	39804.52	28.90	39775.62	940.90	5950.00	0.00	75221.07
锻造车间	管理人员	5100.00	506.52	1594.49	394.92	394.92	4198.56	0.00	4198.56	109.70	350.00	0.00	7549.11
	个人	73488.87	7557.65	23685.43	5925.22	5925.22	60006.00	40.66	59965.34	1372.17	9100.00	0.00	113571.69
装配车间	管理人员	5000.00	379.38	1191.87	295.20	295.20	4325.42	0.00	4325.42	82.00	350.00	0.00	6919.07
	个人	57369.77	5728.26	17958.93	4490.40	4490.40	47151.11	34.70	47116.41	1138.75	6650.00	0.00	87607.85
机修车间		10250.00	1482.39	4646.71	1160.31	1160.31	7607.30	0.00	7607.30	238.48	950.00	0.00	17245.50
动力车间		10250.00	1482.39	4646.71	1160.31	1160.31	7607.30	0.00	7607.30	168.84	800.00	0.00	17025.86
管理部门		40760.00	3625.51	11395.78	2841.18	2841.18	34293.31	294.38	33998.93	1001.67	5250.00	825.00	62073.63
销售部门		6900.00	577.86	1810.88	450.87	450.87	5871.27	26.14	5845.13	108.00	700.00	0.00	9969.75
合计		263550.30	26854.60	84212.73	21038.91	21038.91	215656.79	424.78	215232.01	5271.01	30450.00	825.00	405347.95

主管：赵理　　审核人：朱梅　　制表人：刘柳

83—2/3

社保费明细表

单位：元

部门	姓名	职务	养老保险		医疗保险		失业保险		工伤保险		生育保险		社保合计	
			8%	20%	2%+3	10%	0.2%	1.0%	0%	0.5%	0%	0.8%	个人	公司
办公室	安东阳	总经理	540.00	1350.00	138.00	675.00	13.50	67.50	0.00	33.75	0.00	54.00	691.50	2180.25
	王高	主任	247.68	619.20	64.92	309.60	6.19	30.96	0.00	15.48	0.00	24.77	318.79	1000.01
	陈刚	人事	224.26	560.64	59.06	280.32	5.61	28.03	0.00	14.02	0.00	22.43	288.93	905.44
	赵阳	司机	224.26	560.64	59.06	280.32	5.61	28.03	0.00	44.02	0.00	22.43	288.93	905.44
以下略			……											
合计			20857.77	52143.82	5475.15	26071.94	521.68	2607.11	0.00	1303.85	0.00	2086.01	26854.60	84212.73

审核：马琳　　制单：张天

83—3/3

薪资分配表

公司：苏州安昆科技股份有限公司　　2022年12月　　单位：元

成本费用项目			直接计入	分配计入			薪资合计
	生产车间	产品名称		定额工时	分配率（元/工时）	分配金额（直接人工）	
基本生产成本	铸造车间	数控机床					
		普通机床					
		小计					
	锻造车间	数控机床					
		普通机床					
		小计					
	装配车间	数控机床					
		普通机床					
		小计					
制造费用	铸造车间						
	锻造车间						
	装配车间						
	小计						
辅助生产成本	机修车间						
	动力车间						
	小计						
管理费用	管理部门						
销售费用	销售部门						
合计							

主管：赵理　　审核人：朱梅　　制表人：刘柳

业务 84:84—1/2

材料成本差异率计算表

编制单位：　　　　　　编制日期：　　　　　　单位：

类别名称	存货计划成本			材料成本差异			本月材料成本差异率
	期初余数	本期入库增加	合计	期初余数	本期入库增加	合计	
原料及主要材料							
辅助材料							
外购半成品							
燃料							
周转材料							
合计							

财务主管：　　　　　　审核：　　　　　　制单：

84—2/2

发出材料汇总表

编制单位：　　　　　　编制日期：　　　　　　单位：

领料部门及用途			原料及主要材料		辅助材料		外购半成品		燃料		周转材料		成本差异合计
			计划成本	成本差异	计划成本	成本差异	计划成本	成本差异	计划成本	成本差异	计划成本	成本差异	
基本生产成本	铸造车间	数控机床											
		普通机床											
	锻造车间	数控机床											
		普通机床											
	装配车间	数控机床											
		普通机床											
制造费用	铸造车间												
	锻造车间												
	装配车间												
辅助生产成本	机修车间												
	动力车间												
销售费用													
管理费用													
其他业务成本													
合计													

财务主管：　　　　　　审核：　　　　　　制单：

业务 85:85—1/1

辅助生产成本分配表

编制单位：　　　　　　编制日期：　　　　　　单位：

耗用部门	机修车间			动力车间		
	耗用工时	分配率	分配金额	耗用工时	分配率	分配金额
铸造车间	340			420		
锻造车间	820			680		
装配车间	700			620		
管理部门	140			80		
合计	2000			1800		

主管：　　　　　　审核：　　　　　　制单：

业务 86:86—1/1

制造费用分配表

编制单位　　　　　　编制日期：　　　　单位：

生产车间	产品名称	定额工时	分配率	分配金额
铸造车间	数控机床			
	普通机床			
	小计			
锻造车间	数控机床			
	普通机床			
	小计			
装配车间	数控机床			
	普通机床			
	小计			

主管：　　　　　　审核：　　　　　　制单：

业务 87:87—1/7

入　库　单

2022 年　12 月　11 日　　单号 RK1112001

交来单位及部门	生产部	发票号码或生产单号码		验收仓库	仓库	入库日期	2022.12.11

编号	名称及规格	单位	数量		实际价格		计划价格		价格差异
			交库	实收	单价	金额	单价	金额	
	数控机床	台	15	15					
	合　计		15	15					

会计联

部门经理：刘丽　　会计：张天　　仓库：马小楠　　经办人：刘海

87—2/7

入　库　单

2022 年　12 月　21 日　　单号 RK1112005

交来单位及部门	生产部	发票号码或生产单号码		验收仓库	仓库	入库日期	2022.12.21

编号	名称及规格	单位	数量		实际价格		计划价格		价格差异
			交库	实收	单价	金额	单价	金额	
	数控机床	台	20	20					
	合　计		20	20					

会计联

部门经理：刘丽　　会计：张天　　仓库：马小楠　　经办人：刘海

87—3/7

入　库　单

2022 年　12 月　28 日　　单号 RK1112010

交来单位及部门	生产部	发票号码或生产单号码		验收仓库	仓库	入库日期	2022.12.28

编号	名称及规格	单位	数量		实际价格		计划价格		价格差异
			交库	实收	单价	金额	单价	金额	
	数控机床	台	15	15					
	合　计		15	15					

会计联

部门经理：刘丽　　会计：张天　　仓库：马小楠　　经办人：刘海

87—4/7

入　库　单

2022 年　12 月　15 日　　单号 RK1112003

交来单位及部门	生产部	发票号码或生产单号码		验收仓库	仓库	入库日期	2022.12.15

编号	名称及规格	单位	数量		实际价格		计划价格		价格差异
			交库	实收	单价	金额	单价	金额	
	普通机床　×	台	10	10					
	合　计		10	10					

会计联

部门经理：刘丽　　会计：张天　　仓库：马小楠　　经办人：刘海

87－5/7

入　库　单

2022 年　12 月　30 日　　　　单号 RK1112011

交来单位及部门	生产部	发票号码或生产单号码		验收仓库	仓库	入库日期	2022.12.30

编号	名称及规格	单位	数量		实际价格		计划价格		价格差异
			交库	实收	单价	金额	单价	金额	
	普通机床	台	10	10					
合计			10	10					

会计联

部门经理：刘丽　　会计：张天　　仓库：马小楠　　经办人：刘海

87－6/7

数控机床生产成本计算单

苏州安昆科技股份有限公司　　2022年12月　　单位：元

工序	成本费用项目	期初在产品成本	本期投入	生产费用合计	月末完工产品数量（最终完工）	在产品（约当产量）	约当产量合计	分配率（单位成本）	期末完工产品		期末在产品成本
									总成本	单位成本	
铸造车间	直接材料										
	直接人工										
	制造费用										
	小计										
锻造车间	直接材料										
	直接人工										
	制造费用										
	小计										
装配车间	直接材料										
	直接人工										
	制造费用										
	小计										
合计											

审核：　　制单：

87－7/7

普通机床生产成本计算单

苏州安昆科技股份有限公司　　2022年12月　　单位：元

工序	成本费用项目	期初在产品成本	本期投入	生产费用合计	月末完工产品数量	在产品（约当产量）	约当产量合计	分配率（单位成本）	期末完工产品		期末在产品成本
									总成本	单位成本	
铸造车间	直接材料										
	直接人工										
	制造费用										
	小计										
锻造车间	直接材料										
	直接人工										
	制造费用										
	小计										
装配车间	直接材料										
	直接人工										
	制造费用										
	小计										
合计											

审核：　　制单：

业务 88：88－1/6

出　库　单

出货单位：
苏州安昆科技股份有限公司　　2022 年　12月　01日　　单号：CK111201

提货单位或领货部门	北京市天宫机械有限公司	销售单号	XS20141201	发出仓库	产品仓库	出库日期	2022.12.01

编号	名称及规格	单位	数量		单价	金额
			应发	实发		
CP001	普通机床	台	15	15		
合计						

会计联

部门经理：马东　　会计：张天　　仓库：刘玲　　经办人：马小楠

88—2/6

出　库　单

出货单位：
苏州安昆科技股份有限公司　　2022 年 12月 03日　　单号：CK111203

提货单位或领货部门	山西机电制造有限公司	销售单号	XS20141202	发出仓库	产品仓库	出库日期 2022.12.03
编号	名称及规格	单位	数量 应发	数量 实发	单价	金额
CP002	数控机床	台	3	3		
合计						

会计联

部门经理：马东　　会计：张天　　仓库：刘玲　　经办人：马小楠

88—3/6

出　库　单

出货单位：
苏州安昆科技股份有限公司　　2022 年 12月 04日　　单号：CK111204

提货单位或领货部门	广州市新林机电有限公司	销售单号	XS20141203	发出仓库	产品仓库	出库日期 2022.12.04
编号	名称及规格	单位	数量 应发	数量 实发	单价	金额
CP002	数控机床	台	15	15		
合计						

会计联

部门经理：马东　　会计：张天　　仓库：刘玲　　经办人：马小楠

88—4/6

出　库　单

出货单位：
苏州安昆科技股份有限公司　　2022 年 12月 20日　　单号：CK111205

提货单位或领货部门	山西机电制造有限公司	销售单号	XS20141204	发出仓库	产品仓库	出库日期 2022.12.20
编号	名称及规格	单位	数量 应发	数量 实发	单价	金额
CP002	数控机床	台	13	13		
合计						

会计联

部门经理：马东　　会计：张天　　仓库：刘玲　　经办人：马小楠

88—5/6

出　库　单

出货单位：
苏州安昆科技股份有限公司　　2022 年 12月 24日　　单号：CK111205

提货单位或领货部门	北京顺大集团有限公司	销售单号	XS20141205	发出仓库	产品仓库	出库日期 2022.12.24
编号	名称及规格	单位	数量 应发	数量 实发	单价	金额
CP001	普通机床	台	10	10		
合计						

会计联

部门经理：马东　　会计：张天　　仓库：刘玲　　经办人：马小楠

88—6/6

发出商品成本计算表

苏州安昆科技股份有限公司　　　　2022年12月

产成品	期初			本期入库			加权平均单位成本	销售出库		库存结余	
	数量	单价	金额	数量	单价	金额		数量	金额	数量	金额
数控机床											
普通机床											
合计											

审核：　　　　制单：

业务 89:89—1/1

还款凭证

收款日期　2022年12月31日　　　　序号：3864752

还款人	苏州安昆科技股份有限公司	贷款人	苏州安昆科技股份有限公司
存款账号	0200002356487219763	贷款账号	0200002356487219763
本息合计币种（大写）	人民币伍拾万零捌佰肆拾柒元贰角贰分	亿千百十万千百十元角分	¥ 5 0 0 8 4 7 2 2

收回 2022年07月01 日发放， 2022 年12月31 日到期贷款

本金： ¥500,000.00 利息： ¥847.22

该笔贷款尚欠本金： ¥0.00 利息：

上述还贷款项银行已收妥

（银行业务公章）

中国工商银行苏州市吴中支行 2022.12.31 办讫章 (01)

制票：　　　　复核：

第一联债务还贷回单

业务 90:90—1/2

短期借款利息计算表

编制单位：苏州安昆科技股份有限公司　　　　2022年12月　　　　单位：元

短期借款编号	借款银行	本金	计息期间	年利率	应提利息
201837	中国工商银行苏州市吴中支行	150000.00	2022年12月21日至2022年12月31日	6.1%	254.17
103264	中国工商银行苏州市吴中支行	700000.00	2022年12月21日至2022年12月31日	6.1%	1186.11

审核：马琳　　　　制表：张天

90—2/2

长期借款利息计算表

编制单位：苏州安昆科技股份有限公司　　　　2022年12月　　　　单位：元

长期借款编号	借款银行	本金	计息期间	年利率	应提利息	付息方式
2748563	中国工商银行苏州市	1200000.00	2022年12月21日至2022年12月31日	6.5%	2166.67	按季支付利息

审核：马琳　　　　制表：张天

业务 91:91—1/4

存货盘点报告表

2022年12月31日

企业名称：苏州安昆科技股份有限公司

存货类别	存货名称	计量单位	单价	数量		盈余		亏短		盈亏原因
				账存	实存	数量	金额	数量	金额	
原材料	焦炭	吨	500.00	2	2					
原材料	煤	吨	160.00	284.25	284.25					
原材料	润滑油	千克	3.50	170	170					
周转材料	工作服	套	40.00	9	9					
周转材料	劳保鞋	双	28.00	60	60					
周转材料	耐热手套	副	5.00	33	33					
周转材料	勾板手	个	5.00	22	22					

审核人：马琳　　监盘人：张天　　盘点人：刘玲

91—2/4

存货盘点报告表

2022年12月31日

企业名称：苏州安昆科技股份有限公司

存货类别	存货名称	计量单位	单价	数量		盈余		亏短		盈亏原因
				账存	实存	数量	金额	数量	金额	
原材料	电机X123	台	1500.00	58	58					
原材料	电机X345	台	250.00	20	20					
原材料	轴承Q123	套	340.00	1700	1700					
原材料	轴承Q345	套	140.00	2090	2090					
原材料	标准件	个	18.00	1240	1240					
原材料	生铁	吨	2400.00	55	55					
原材料	钢	吨	2900.00	125	125					

审核人：马琳　　监盘人：张天　　盘点人：刘玲

91—3/4

存货盘点报告表

2022年12月31日

企业名称：苏州安昆科技股份有限公司

存货类别	存货名称	计量单位	单价	数量		盈余		亏短		盈亏原因
				账存	实存	数量	金额	数量	金额	
周转材料	法兰盘	个	14.00	58	58					
周转材料	螺钉	盒	17.00	25	25					
周转材料	专用工具	把	42.00	990	990					
周转材料	包装箱	个	380.00	135	133			2	760.00	待查，材料差异15.20

审核人：马琳　　监盘人：张天　　盘点人：刘玲

91—4/4

存货盘点报告表

2022年12月31日

企业名称：苏州安昆科技股份有限公司

存货类别	存货名称	计量单位	单价	数量		盈余		亏短		盈亏原因
				账存	实存	数量	金额	数量	金额	
库存商品	数控机床	台	23975.26	47	47					
库存商品	普通机床	台	14898.46	15	15					

审核人：马琳　　监盘人：张天　　盘点人：刘军

业务 92:92—1/1

存货盘盈/亏处理报告表

2022 年 12 月 31 日

企业名称：苏州安昆科技股份有限公司　　　　单位：元

存货名称	计量单位	单价	数量		盘盈		盘亏		差异原因
			账存	实存	数量	金额	数量	金额	
包装箱	个	380.00	135	133			2	760.00	管理不善造成
财务部门建议处理意见：	经查明为管理不善造成，盘亏金额（￥760.00），对应的材料成本差异（￥15.20）及进项税额转出（￥100.78）作为管理费用处理。								
单位主管部门批复处理意见：	同意财务部意见。								

批准人：安东阳　　审批人：马琳　　部门负责人：刘丽　　制单：张天

业务 93:93—1/2

无形资产计提减值准备计提表

编制单位：苏州安昆科技股份有限公司　　2022年12月　　单位：元

项目	原值	计提减值准备	备注
专利权	2136000.00	30000.00	专利技术贬值

审核：马琳　　制单：张天

93—2/2

坏账准备计提表

苏州安昆科技股份有限公司　　2022年12月　　单位：元

应收账款期末余额	计提比例	坏账准备				
		期初余额	本期借方发生额	余额（计提损失前）	期末余额	应计提金额

审核：　　制单：

业务 94:94—1/1

公允价值变动表

苏州安昆科技股份有限公司　　2022年12月31日　　单位：元

名称	账面价值	期末公允价值	公允价值增加额	公允价值减少额
刚玉	240000.00	295957.45	55957.45	

审核：马琳　　制单：张天

业务 95:95—1/1

未交增值税计算表

苏州安昆科技股份有限公司　　2022年12月　　单位：元

项目	进项税额	进项税额转出	销项税额	未交增值税
应交税费				

审核：　　制单：

业务 96:96—1/3

车船税摊销计算表

制表日期：2022年12月31日　　单位：元

项目	数量	自重（吨）	年应纳税额/吨	年应纳税额	月应纳税额
东风牵引半挂货车	1	9	96.00	864.00	72.00
长安轻卡	1	2.60	96.00	249.60	20.80
东风自卸车	1	25	96.00	2400.00	200.00
尼桑商务车	1	----	480.00	480.00	40.00
东风天龙牵引货车	1	9	96.00	864.00	72.00
合计	---	----	---		404.80

审核：马琳　　制表：王黎

96—2/3

房产税摊销计算表

编制单位：苏州安昆科技股份有限公司　　制表日期：2022年12月31日　　单位：元

房产所属部门	房产项目	原值	扣除比例/租金收入	税率	年应纳税额	月应纳税额
铸造车间	车间(自用)	2040000.00	30%	1.2%	17136.00	1428.00
锻造车间	车间(自用)	2380000.00	30%	1.2%	19992.00	1666.00
装配车间	车间(自用)	2176000.00	30%	1.2%	18278.40	1523.20
辅助车间	车间(自用)	204000.00	30%	1.2%	1713.60	142.80
公司总部	办公楼(自用)	2000000.00	30%	1.2%	16800.00	1400.00
小计		8800000.00			73920.00	6160.00
投资性房地产	仓库(对外出租)	600000.00	8400.00	12%	---------	1008.00
合计		-------			---------	7168.00

审核：马琳　　制表：王黎

96—3/3

土地使用税摊销计算表

编制单位：苏州安昆科技股份有限公司　　制表日期：2022年12月31日　　单位：元

房产所属部门	房产项目	面积(平方米)	土地级次	单位税额(元/平方米)	年应纳税额	月应纳税额
铸造车间	车间(自用)		四级	12.00		
锻造车间	车间(自用)		四级	12.00		
装配车间	车间(自用)		四级	12.00		
辅助车间	车间(自用)		四级	12.00		
小计		1676	四级	12.00	20112.00	1676.00
公司总部	办公楼(自用)	520	三级	18.00	9360.00	780.00
投资性房地产	仓库(对外出租)	236	四级	12.00	2832.00	236.00
合计		--------	------	------	33420.00	2692.00

审核：马琳　　制表：王黎

业务 97：97—1/2

附加税费计算表

编制单位：苏州安昆科技股份有限公司　　2022年12月31日　　单位：元

计税依据	税种	计税金额	税率	应纳税额
增值税	城市维护建设税		7%	
增值税	教育费附加		3%	
增值税	地方教育附加		2%	
合计	-	-	-	

审核：马琳　　制单：张天

97—2/2

印花税明细表

苏州安昆科技股份有限公司　　2022年12月31日　　单位：元

日期	合同类型	合同金额	税率	税额
12月1日	购销合同	412500	0.0003	123.75
12月3日	购销合同	129600	0.0003	38.88
……	……	……	……	……
合计				761.34

审核：马琳　　制单：张天

业务 98—100：无。

业务 101：101—1/1

利润分配

（一）本公司按同股同利的原则，按各股东所持股份数分配股利。

（二）股利分配采取现金或股票两种形式。

（三）公司根据每一会计年度的盈利状况和发展情况，由董事会提出利润分配方案，股东会作出利润分配决议。公司在股东会作出利润分配决议后2个月内完成股利派发。

（四）本公司本年度的税后利润，按下列顺序和比例分配。

1. 按税后利润的10%提取法定盈余公积；
2. 从本年度开始，按税后利润的5%计提任意盈余公积；
3. 按税后利润30%支付股利。

（五）本公司分派股利时，按有关法律和行政法规代扣代缴股东股利收入的应纳税金。

（六）2022年12月31日，公司2022年度股东大会审议通过2022年度利润分配方案。

苏州安昆科技股份有限公司

2022.12.31

业务 102：无。